Explorar
las ciencias

Asesores de contenido

Randy L. Bell, Ph.D.

Malcolm B. Butler, Ph.D.

Kathy Cabe Trundle, Ph.D.

Judith S. Lederman, Ph.D.

Center for the Advancement
of Science in Space, Inc.

¡Bienvenidos a Explorar las ciencias!

La naturaleza de la ciencia

Ciencias de la vida

Ecosistemas: Interacciones, energía y dinámica

Evolución biológica: Unidad y diversidad

Ciencias de la Tierra

Sistemas de la Tierra: Procesos que dan forma a la Tierra

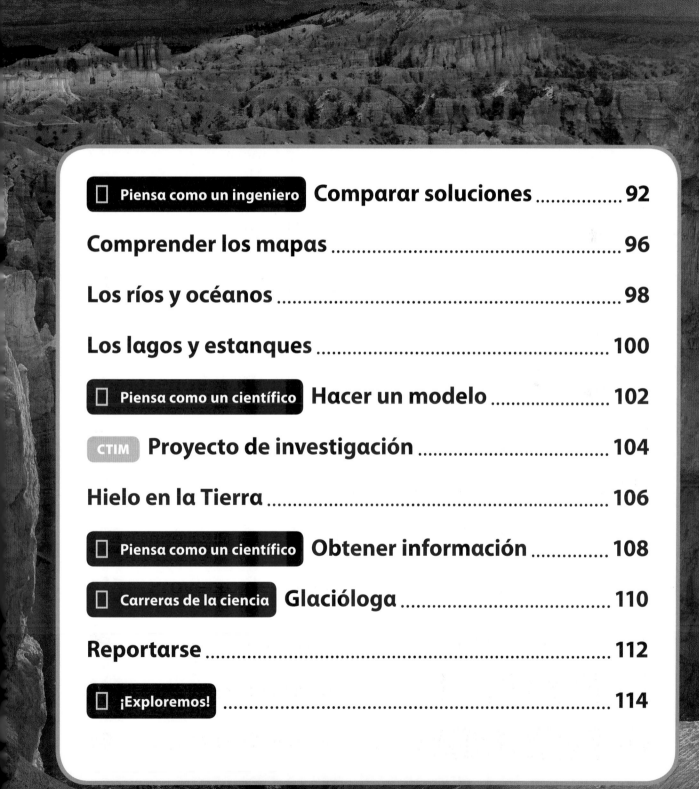

Ciencias físicas

NATIONAL GEOGRAPHIC | Exploradora

Asha de Vos es bióloga marina. Estudia las ballenas azules que nadan en el océano Índico, cerca de su hogar en Sri Lanka. La curiosidad de Asha la llevó a aprender más sobre estas ballenas. También quiere protegerlas.

Una ballena azul nada en las aguas del océano Índico, cerca de Sri Lanka.

¡Bienvenidos a Explorar las ciencias!

¡Hola, jóvenes exploradores! Soy Asha de Vos. Soy bióloga marina. Estudio las ballenas azules que nadan en el océano Índico, cerca de Sri Lanka. Sentí curiosidad por estos animales y tenía muchas preguntas. ¿Por qué las ballenas azules se alimentaban en las cálidas aguas tropicales? ¿Por qué estas ballenas se quedaban en un espacio tan pequeño?

Con un equipo, observo y reúno información sobre las ballenas. Tomamos fotos y tratamos de identificar a cada una. Además, usamos cámaras de video para filmar el comportamiento de las ballenas. También trabajamos en una oficina, donde estudiamos las fotos y los videos. Espero que mi trabajo ayude a otras personas a aprender sobre las ballenas azules y que inspire a los jóvenes a convertirse en biólogos marinos. En *Explorar las ciencias,* darás los mismos pasos que los científicos e ingenieros para responder preguntas y resolver problemas, al igual que yo.

Lleva un cuaderno de ciencias

Mi cuaderno de ciencias

Cuando **investigo**, registro datos. Uso un cuaderno de ciencias para anotar ideas, registrar observaciones, mediciones y otros datos. Hago preguntas. También busco patrones y estudio la **evidencia**. En *Explorar las ciencias*, aprenderás cómo los científicos y los ingenieros hacen preguntas y resuelven problemas. Tú también puedes llevar un cuaderno de ciencias. Estos son algunos usos que puedes darle.

- Define y dibuja palabras de ciencias y las ideas principales.
- Rotula dibujos. Incluye leyendas y notas para explicar ideas.
- Recopila objetos, como fotografías o recortes de periódico.
- Registra observaciones en tablas, diagramas y gráficos.
- Piensa en lo que aprendiste y haz nuevas preguntas.

¡Es hora de preparar tu cuaderno de ciencias! ¿Qué ideas se te ocurren para hacerlo?

Los cuadernos de ciencias son herramientas importantes para los científicos.

Tu cuaderno de ciencias puede ser un lugar donde escribas las cosas que más te interesan de las ciencias.

Dibuja para registrar observaciones durante una investigación.

Rotula los dibujos para dar ejemplos de ideas principales.

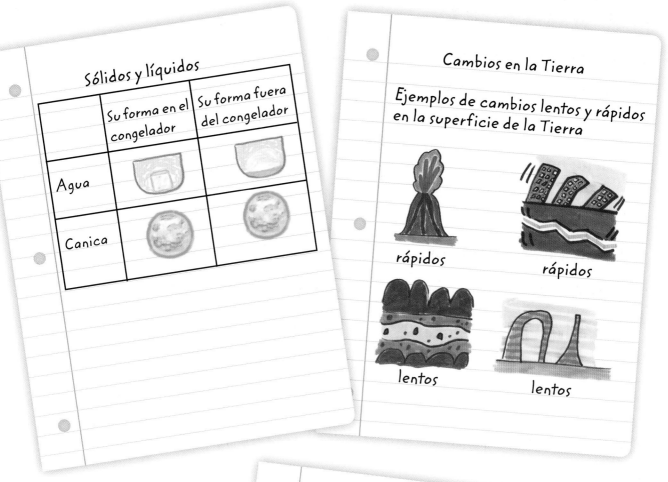

Organiza tus datos en tablas.

Sólidos y líquidos

	Su forma en el congelador	Su forma fuera del congelador
Agua		
Canica		

Cambios en la Tierra

Ejemplos de cambios lentos y rápidos en la superficie de la Tierra

rápidos

rápidos

lentos

lentos

Propiedades de la materia

Objeto	Forma	Color
	irregular	gris
	triangular	rojo
	rectangular	marrón
	ovalada	marrón

Prepara tu cuaderno de ciencias

Usa el cuaderno de ciencias siempre que estudies ciencias. Aquí hay algunas sugerencias. Tu maestro te dará algunas instrucciones. ¡Usa también tus propias ideas!

- Diseña una tapa para el cuaderno. Dibuja algo que te guste de la ciencia o algo sobre lo que te gustaría aprender.

- Escribe "Tabla de contenidos" en la primera hoja. Luego, deja algunas hojas en blanco.

- Organiza tu cuaderno. Rotula todo.

- Guarda el cuaderno en un lugar seguro. Querrás que dure, para poder revisar y compartir todo lo que aprendiste.

▼ Diseña una cubierta que tenga que ver con las ciencias ... ¡y contigo!

▼ Haz una tabla de contenidos en la segunda página. Añade información a medida que lees e investigas.

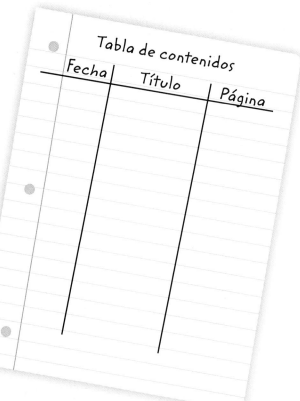

¿Por qué explorar las ciencias?

Pasé mi infancia rodeada por el océano. Siempre quería saber más sobre el océano y los animales que viven en él. Empecé a estudiar las ballenas azules de Sri Lanka. Me enteré de que estas ballenas no siguen los mismos patrones de migración que las demás. Tenía que averiguar más cosas. Aprender es mi pasión y me gusta compartir mis conocimientos con otras personas.

Tú también puedes practicar las ciencias en tu vida diaria. Cuando haces preguntas, observas o tratas de comprender cómo funciona el mundo, estás trabajando como un científico. Echa un vistazo a las páginas siguientes. En *La naturaleza de la ciencia*, aprenderás más sobre qué es y qué no es ciencia. Leerás acerca de cómo trabajan los científicos. A medida que aprendas sobre los diferentes temas, anota tus propias ideas. ¿Qué preguntas te haces? ¡Escríbelas!

Asha pasa mucho tiempo en el agua buscando señales de las ballenas.

La naturaleza de la ciencia

Mauricio es una isla tropical. Se encuentra en el océano Índico, al este de Madagascar. Tiene áreas llanas y también rocosas y está rodeada de arrecifes de coral. En Mauricio solía habitar una especie de ave llamada dodo.

El dodo se extinguió hace unos 350 años. Se alimentaba de frutos que caían de los árboles.

En 1938, se usó el esqueleto de un dodo (izquierda) para que los científicos pudieran construir un modelo de dodo (derecha).

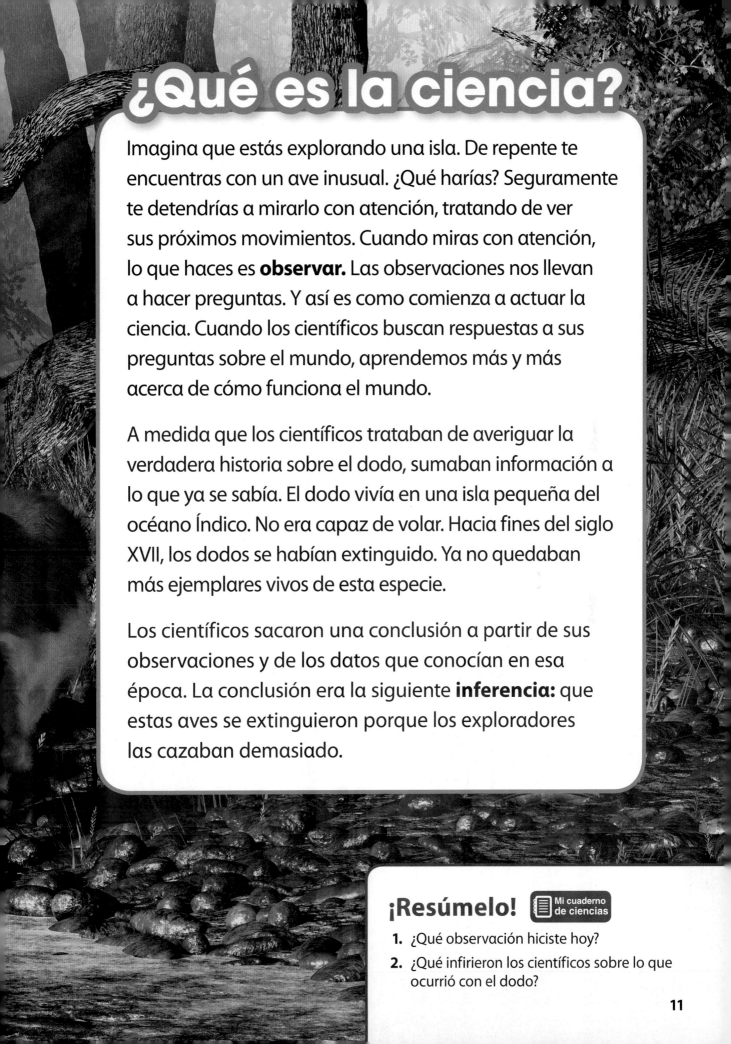

¿Qué es la ciencia?

Imagina que estás explorando una isla. De repente te encuentras con un ave inusual. ¿Qué harías? Seguramente te detendrías a mirarlo con atención, tratando de ver sus próximos movimientos. Cuando miras con atención, lo que haces es **observar.** Las observaciones nos llevan a hacer preguntas. Y así es como comienza a actuar la ciencia. Cuando los científicos buscan respuestas a sus preguntas sobre el mundo, aprendemos más y más acerca de cómo funciona el mundo.

A medida que los científicos trataban de averiguar la verdadera historia sobre el dodo, sumaban información a lo que ya se sabía. El dodo vivía en una isla pequeña del océano Índico. No era capaz de volar. Hacia fines del siglo XVII, los dodos se habían extinguido. Ya no quedaban más ejemplares vivos de esta especie.

Los científicos sacaron una conclusión a partir de sus observaciones y de los datos que conocían en esa época. La conclusión era la siguiente **inferencia:** que estas aves se extinguieron porque los exploradores las cazaban demasiado.

¡Resúmelo! 📓 Mi cuaderno de ciencias

1. ¿Qué observación hiciste hoy?
2. ¿Qué infirieron los científicos sobre lo que ocurrió con el dodo?

¿Cómo trabajan los científicos?

Los científicos siguieron estudiando al dodo. Al principio, se creía que los exploradores habían cazado y comido al dodo hasta que ya no quedó ninguno. Eso no fue lo que ocurrió exactamente. Los científicos reunieron más **datos.** Se dieron cuenta de que otros animales provocaron la desaparición del dodo. La gente trajo ratas y cerdos a la isla. Estos animales comían los huevos de dodo. Los científicos infirieron que fue ese **patrón** lo que provocó la extinción del dodo. La pérdida del dodo fue el resultado de un cambio en el hábitat de la isla.

Con el tiempo, los científicos recopilaron datos de otras islas. Esos datos se usaron para mostrar que, cuando se llevan nuevos animales a una isla, la población de animales que vive allí desde siempre empieza a disminuir. Las ratas y los cerdos comen los huevos de algunas especies nativas. Los animales nuevos también comen la misma comida que los animales de la isla. Por eso hay menos comida disponible para los animales nativos.

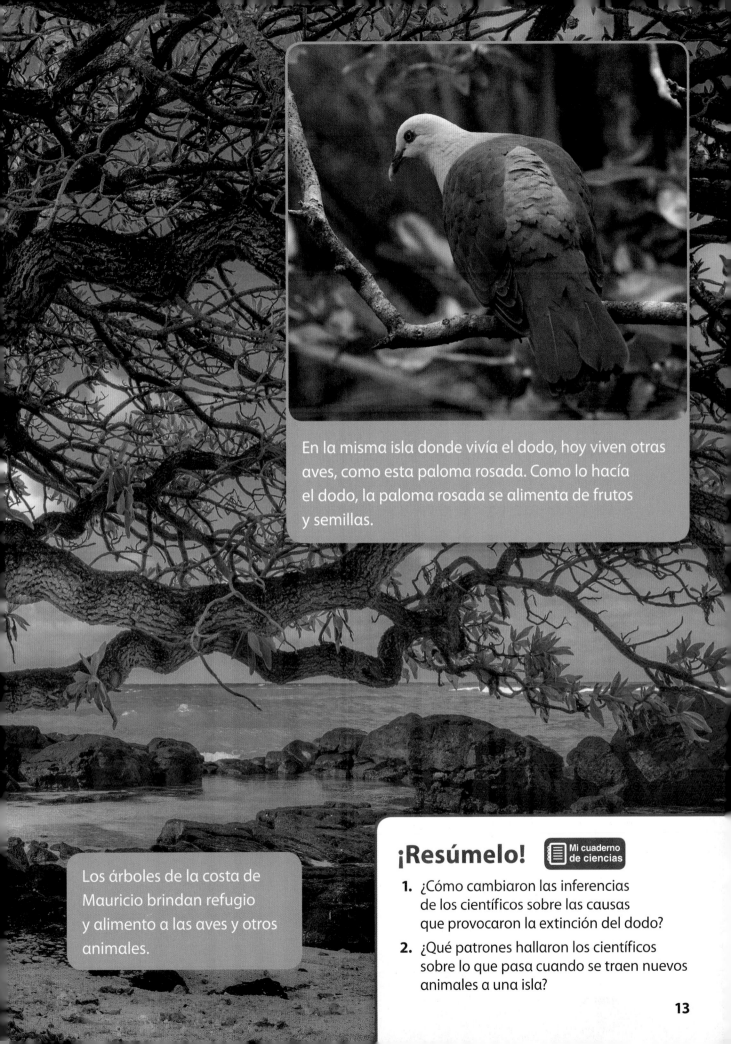

En la misma isla donde vivía el dodo, hoy viven otras aves, como esta paloma rosada. Como lo hacía el dodo, la paloma rosada se alimenta de frutos y semillas.

Los árboles de la costa de Mauricio brindan refugio y alimento a las aves y otros animales.

¡Resúmelo!

Mi cuaderno de ciencias

1. ¿Cómo cambiaron las inferencias de los científicos sobre las causas que provocaron la extinción del dodo?

2. ¿Qué patrones hallaron los científicos sobre lo que pasa cuando se traen nuevos animales a una isla?

¿Quiénes son los científicos?

Los científicos descubrieron otros patrones relacionados con la extinción del dodo. Disminuyó el número de aves y animales que se alimentaban de frutos y semillas de la isla. Ya no quedaban animales que movieran las semillas de los árboles para que así crecieran otros nuevos. Entonces, otro efecto de la transformación del hábitat fue que empezó a haber menos árboles frutales.

Hoy, los científicos estudian en equipos para comprender qué cambios se generan por efecto de las transformaciones en el hábitat. Las tortugas de carey viven en varios lugares además de la isla de Mauricio. Los científicos estudian esas tortugas para observar cómo las afectan los cambios. Los equipos rastrean y rotulan a las tortugas para aprender cómo se desplazan a lo largo del año.

Los científicos sienten tanta curiosidad por el mundo que eso los ayuda a abordar nuevos problemas y averiguar las verdaderas historias sobre el mundo natural y físico. Mantienen una actitud abierta y buscan soluciones creativas a los problemas que estudian.

¿Estás listo para pensar como un científico? Pues… ¡adelante!

Las tortugas de carey depositan huevos en nidos de arena de la playa.

Una conservacionista ata un rótulo a una tortuga de carey.

¡Resúmelo!

Mi cuaderno de ciencias

1. ¿Qué efecto tuvo en la isla del dodo la disminución del número de animales que comen frutos y semillas?

2. ¿Por qué los científicos recopilan datos de lugares donde hay transformaciones en el hábitat?

Practica cómo hacer ciencia

? ¿Cómo hacemos inferencias a partir de las huellas de animales?

¿Recuerdas haber visto huellas de animales en zonas arenosas o de barro? Las aves, los gatos, perros, mapaches, ciervos y osos son todos animales que dejan huellas en el barro, el suelo o la arena. Cuando viste las huellas, ¿te pusiste a pensar qué pudo haber pasado? ¿Buscaba el animal agua o comida? Los científicos observan las huellas de los animales para aprender más sobre sus patrones y comportamiento. Hacen inferencias basándose en sus observaciones.

En esta investigación, observarás huellas de animales. Luego, harás inferencias.

Materiales

huellas de animales

1 Observa la imagen que proyecta tu maestro. Escribe todas las observaciones que se te ocurran en el cuaderno de ciencias.

2 Basándote en las observaciones, infiere las respuestas a las siguientes preguntas:

- ¿Por qué los animales se dirigían al mismo punto?
- ¿Qué ocurrió después?
- ¿Qué evidencia respalda tus ideas?

3 Comparte tus observaciones con otros estudiantes. ¿En qué se parecen las observaciones? ¿En qué se diferencian?

4 Comparte con otros estudiantes las respuestas al paso 2. ¿En qué se parecen? ¿En qué se diferencian? ¿Crees que existe una única respuesta correcta?

5 ¿Qué otras preguntas se te ocurren sobre las huellas de los animales? Regístralas en el cuaderno de ciencias.

¡Resúmelo!

1. ¿Por qué no hay una única respuesta "correcta" a las preguntas del paso 2?

2. ¿Por qué es importante que los científicos compartan sus observaciones e inferencias con otros científicos?

¡Exploremos!

En *La naturaleza de la ciencia* aprendiste que la ciencia cambia a medida que se recopilan nuevos datos. Parte de mi investigación consiste en registrar cada avistamiento de una ballena para aprender dónde pasan su tiempo y averiguar por qué se quedan en ese lugar todo el año. También me interesa saber qué comen y a qué profundidad nadan. Las ciencias de la vida estudian los seres vivos. Uno de los temas que estudiamos es cómo sobreviven las plantas y los animales, y cómo cambian con el tiempo los ambientes donde viven.

Aquí hay algunas preguntas que puedes investigar en *Ciencias de la vida*:

- ¿Cuánta luz y agua necesitan las plantas para sobrevivir?
- ¿Cómo ayudan los animales a esparcir las semillas de las plantas?
- ¿Qué plantas y animales viven en un humedal?
- ¿Qué son los pastizales y en qué partes de la Tierra se encuentran?

Mientras lees e investigas, pregúntate nuevas cosas. Busca las respuestas. ¡Luego repasemos lo que has aprendido!

¿Qué necesitan las plantas?

Haz dibujos de lo que necesitan
las plantas para sobrevivir.

luz

agua

Mis preguntas nuevas

1. ¿Qué plantas y animales pueden
   vivir en lugares muy fríos?

2. ¿Qué plantas y animales pueden
   vivir en lugares muy calurosos y
   secos?

3. ¿En qué se parecen algunos
   animales que viven en África
   y los animales que viven en los
   Estados Unidos?

▷ Haz un dibujo para
  mostrar lo que
  aprendiste.

Las abejas polinizan las flores

Las abejas llevan polen
de una planta a otra.

Ciencias de la vida

Ecosistemas: Interacciones, energía y dinámica

Evolución biológica: Unidad y diversidad

Estas mariposas monarca descansan en un árbol en México.

Las necesidades de las plantas

Las plantas necesitan luz y agua. Las plantas **dependen** de la luz y del agua para vivir y crecer.

Algunas plantas necesitan mucha luz. Estas amapolas crecen en un campo que recibe luz solar todo el día.

Las amapolas crecen bien cuando reciben luz solar directa.

Las amapolas también necesitan lluvia cada pocos días para sobrevivir y crecer.

La lluvia da a la planta dedalera el agua que necesita para vivir.

¡Resúmelo!

1. ¿Cuáles son algunas de las cosas de las que dependen las plantas para vivir y crecer?

2. Muchas personas cultivan plantas en el interior de sus casas. ¿Cómo pueden crecer las plantas adentro, donde no llueve?

Las plantas y la luz

? ¿Qué sucede si las plantas de rábano no reciben suficiente luz?

Sabes que las plantas necesitan luz para crecer. Ahora, investigarás cómo crecen las plantas con diferentes cantidades de luz.

Materiales

plantas de rábano

cinta adhesiva

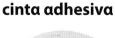

agua

cuchara

Mi cuaderno de ciencias

1 Rotula los vasos *Con luz solar* y *Sin luz solar*. Observa las plantas en ambos vasos. Registra tus observaciones.

2 Coloca el vaso *Con luz solar* en un lugar soleado. Predice qué sucederá. Registra tu predicción en tu cuaderno de ciencias.

3 Coloca el vaso *Sin luz solar* en un lugar oscuro. Predice qué sucederá. Registra tu predicción en tu cuaderno de ciencias.

4 Riega las plantas con dos cucharadas de agua por día. Observa las plantas todos los días. Registra tus observaciones.

¡Resúmelo!
Mi cuaderno de ciencias

1. ¿Qué mantuviste igual para ambas plantas?

2. ¿Qué cambiaste entre las dos plantas?

3. ¿Cómo se compararon tus predicciones con tus observaciones?

Planificar e investigar

Has investigado si las plantas necesitan luz para crecer.
Ahora, harás un plan e investigarás qué sucede
si las plantas no reciben agua.

1 **Planifica una investigación.** Mi cuaderno de ciencias

Piensa cómo hacer tu investigación.
¿Qué materiales necesitarás? ¿Cuántas
plantas deberías probar? ¿Cómo sabrás que
el agua marca una diferencia en el crecimiento
de las plantas?

Escribe tu plan. Haz un dibujo de cómo será
tu investigación. Rotula tu dibujo.

2 **Realiza una investigación.**

Haz tu investigación. Registra tus
datos en tu cuaderno de ciencias.

3 **Revisa tus resultados.**

Observa tus datos. ¿Hubo alguna planta que creciera mejor que las demás? ¿Tus resultados respondieron la pregunta?

4 **Comparte tus resultados.**

Di a los demás si funcionó tu investigación. Usa la evidencia para explicar cómo tus resultados respondieron la pregunta.

La lluvia brinda a esta planta de fucsia el agua que necesita para sobrevivir y crecer.

CTIM

CIENCIA
TECNOLOGÍA
INGENIERÍA
MATEMÁTICAS

PROYECTO DE INGENIERÍA

Diseña un reflector de luz

Casi todas las plantas necesitan mucha luz. Si la planta no recibe luz suficiente, se pone pálida y débil. Hasta podría morir. Imagina que quieres plantar una planta de interior, pero que la habitación es oscura. ¿Cómo haces para que la luz de la ventana brille sobre la planta? Usa lo que aprendiste sobre los seres vivos para resolver el problema. Diseña un reflector de luz para que la planta crezca bien.

Las plantas necesitan luz para crecer.

El desafío

El desafío es diseñar un reflector de luz. Debe **reflejar** luz sobre la planta para aumentar la cantidad de luz que recibe.

1 **Define el problema.** Mi cuaderno de ciencias

Tu maestro te mostrará los materiales que puedes usar. ¿Qué tiene que hacer tu reflector de luz? Escribe el problema en el cuaderno de ciencias.

2 **Diseña una solución.**

Mira los materiales. ¿Qué material reflejará la luz? Haz un boceto del diseño y compártelo. Elige el mejor diseño y dibújalo. Luego, construye el reflector de luz.

3 **Prueba la solución.**

Prueba el reflector de luz en diferentes momentos del día. Registra los resultados. ¿Refleja bien la luz? ¿Se mantiene en posición? ¿Puedes mejorarlo? Escribe tus ideas. Cambia el modelo y vuelve a probar el reflector.

4 **Comparte.**

Muestra tu reflector de luz. Describe su funcionamiento. Responde las preguntas que te hagan sobre el diseño. Haz preguntas sobre los diseños de tus compañeros.

Wendy Baxter trepa hasta la copa de una secuoya gigante.

Anthony Ambrose toma una muestra de un árbol a una gran altura.

Árboles en problemas

Wendy Baxter está colgada de un árbol. Anthony Ambrose se mece en otro árbol. Los dos son científicos. Investigan unos árboles llamados secuoyas gigantes. Estos árboles enormes crecen en el norte de California.

Las secuoyas gigantes han estado aquí por mucho tiempo. La más vieja tiene 3,500 años. Pero todos estos árboles están en problemas. Hubo una sequía y, sin agua, estos gigantes no lograrán sobrevivir. Wendy y Anthony quieren saber más sobre la salud de estas secuoyas. Así que se trepan por los troncos y toman muestras.

Los científicos han descubierto que cada árbol necesita 500 galones de agua al día. Los árboles absorben el agua del suelo. Algunos árboles están muriendo. Sin agua suficiente, no pueden crecer árboles nuevos. Estos dos científicos esperan hallar maneras de proteger y salvar a las secuoyas gigantes.

¡Resúmelo! Mi cuaderno de ciencias

1. ¿Qué efecto tiene la falta de lluvia en las secuoyas gigantes?

2. Describe cómo trabajan en equipo estos científicos.

Los animales polinizan las flores

Las plantas tienen algunas partes que les permiten crecer. Las flores tienen partes masculinas y femeninas. Las partes masculinas de la flor producen el **polen**. Cuando el polen llega a las partes femeninas de la flor, comienza a crecer un fruto. Dentro del fruto hay una o más semillas.

Algunos animales visitan las flores para alimentarse. El polen se pega a los animales. Luego, esos animales visitan una segunda flor y dejan el polen en ella. Eso **poliniza** la flor. Algunas plantas dependen de los animales para que se produzca la polinización.

Los colibríes polinizan las flores mientras se alimentan.

El polen se pega a las patas de la polilla.

Las hormigas transportan el polen de una flor a otra. Puedes ver el polen amarillo que se pega a la espalda de la hormiga.

¡Resúmelo! 📖 Mi cuaderno de ciencias

1. ¿Por qué la polinización es importante para las plantas?

2. ¿De qué maneras los animales llevan el polen de una flor a otra?

¡Salven a las abejas!

¿Te gustan las fresas? ¿La sandía? Gracias a las abejas, tenemos frutas y otros alimentos para comer. Las abejas polinizan muchas plantas que producen alimento. Algunas flores polinizadas se transforman en las frutas que comemos. Dino Martins es un científico que estudia las abejas y otros insectos.

Problema

Dino Martins está preocupado. Ha observado patrones que indican que hoy en día hay menos abejas que en el pasado. Menos abejas significa menos frutas y otros alimentos. Las personas necesitamos alimentos, y es por eso que también necesitamos a las abejas.

Esta abeja Braunsapis poliniza flores de cilantro. Las semillas de cilantro se muelen y se usan como especia.

Dino Martins dice: "Pasa cinco minutos al día con un insecto. Te cambiará la vida". Su trabajo con los insectos está cambiando muchas vidas.

Hay muchos tipos de abejas. Dino Martins estudia las abejas de África.

Abeja Amegilla

Abeja sin aguijón y abeja Nomia

Abejorro carpintero

La solución

Dino Martins ayuda a las personas a proteger las abejas. De esta manera, habrá más abejas para polinizar las flores. Él enseña a los granjeros que las abejas polinizan los cultivos. Los granjeros que protegen las abejas cosechan más alimentos. Necesitamos mucho alimento para las personas.

Los hábitats de algunas abejas han sido destruidos. Las abejas han perdido sus panales, que son sus hogares. Dino Martins muestra a las personas cómo hacer casas para las abejas. Esas casas ayudan a las abejas a sobrevivir.

Una casa para abejas en una granja les brinda un refugio cerca de los cultivos que polinizan.

Dino enseña a las personas sobre los tipos de abejas que ayudan a las plantas de sus granjas.

En esta excursión, Dino ayuda a los estudiantes a recolectar insectos para poder observarlos de cerca.

¡Resúmelo!

📋 Mi cuaderno de ciencias

1. ¿Por qué son importantes las abejas?

2. ¿Qué sucedería si no hubiera abejas?

3. ¿Por qué crees que es importante el trabajo de Dino Martins?

Los animales esparcen las semillas

Muchas plantas producen semillas que crecen y se convierten en plantas nuevas. Las semillas necesitan su propio lugar para crecer. Cuando una semilla está demasiado cerca de la planta madre, puede producirse un efecto. Es posible que allí no reciba la luz o el agua suficiente y no pueda brotar.

¿Cómo puede cambiar de lugar una semilla? Los animales transportan algunas semillas a otros lugares. Muchas plantas dependen de los animales para que transporten sus semillas. Como resultado, crecen nuevas plantas.

Si una ardilla olvida dónde dejó un fruto, quizá crezca un árbol.

Estas bayas tienen semillas adentro. El ampelis comerá una baya. Luego, dejará caer la semilla en otro lugar.

Las semillas con ganchos y púas se llaman abrojos. Los abrojos se pegan al pelaje. La vaca llevará las semillas a otro lugar.

¡Resúmelo! Mi cuaderno de ciencias

1. ¿De qué maneras se trasladan las semillas a otros lugares?

2. ¿Cómo crees que llegó el abrojo a la cabeza de la vaca?

Desarrollar un modelo

Se acerca el final del verano. La planta de bardana de la fotografía ha generado una cobertura especial para sus semillas. La cobertura se llama abrojo. Observa con atención. El abrojo tiene púas espinosas con ganchos en la puntas. Muchas de las semillas de la planta madre han llegado lo suficientemente lejos como para producir plantas nuevas. ¿Cómo viajaron las semillas?

Así lucen los abrojos de bardana en el otoño.

Desarrolla un modelo

Mi cuaderno de ciencias

Cuando los científicos quieren estudiar cómo funciona algo, a veces hacen un **modelo**. Tú también puedes hacerlo. Vuelve a observar las semillas de bardana. Luego, dibuja o escribe un modelo sobre cómo las semillas de bardana se alejan de las plantas madre.

Haz una investigación

Ahora, puedes hacer una investigación para ver si tu modelo va bien encaminado.

Materiales

cinta para enganche

pluma

piel sintética

cuero

1 Pega la pluma a la cinta para enganche. Apriétalas entre los dedos.

Mi cuaderno de ciencias

2 Lleva la pluma a otro lugar. Sacude la pluma. ¿En qué se parece esto a lo que podría hacer un ave? Observa y registra qué sucede.

3 Despega la cinta con los dedos. ¿En qué se parece esto a lo que podría hacer un ave? Observa y registra qué sucede.

4 Repite los pasos 2 y 3 con la piel sintética y el cuero.

Explica tu modelo

Según los datos que recopilaste, ¿cuánto coincidió tu modelo con tus observaciones? ¿Necesitas revisarlo? Haz cambios si es necesario. Luego, usa tu modelo para explicar cómo las semillas pegajosas podrían viajar de un lugar a otro.

CTIM

CIENCIA
TECNOLOGÍA
INGENIERÍA
MATEMÁTICAS

PROYECTO DE INGENIERÍA

Diseña un esparcidor de semillas

¿Alguna vez has visto un campo sembrado con plantas de frijoles? Se cultivan en hileras largas y parejas. De ese modo, todas las plantas reciben suficiente luz y agua. Casi todos los granjeros usan grandes máquinas para plantar las semillas. A estas máquinas las llaman "semilleras".

Imagina que un granjero quiere plantar frijoles en un campo pequeño. Lo ayudarán tú y tu equipo. Diseñarás una semillera. La semillera deberá depositar las semillas uniformemente, para que todas las plantas tengan suficiente espacio para crecer.

Plantar frijoles en hileras les da espacio suficiente para extender las raíces y recibir suficiente luz solar.

Esta máquina planta maíz en hileras uniformes.

El desafío

El desafío es diseñar un modelo de semillera. El modelo debe depositar las semillas en el suelo y esparcirlas uniformemente en cada hilera.

1 **Define el problema.** Mi cuaderno de ciencias

El modelo debe esparcir algunas semillas en cada hilera marcada en papel milimetrado. Piensa en el problema que estás resolviendo. ¿Qué tiene que hacer tu modelo? Escribe el problema en el cuaderno de ciencias.

2 **Diseña una solución.**

Mira los materiales disponibles. ¿Cómo los usarías para armar el modelo? Mira las semillas. ¿Cómo controlarías la velocidad a la que se dispersan las semillas? Dibuja un diseño para tu semillera. Compártelo con tu equipo.

3 **Prueba la solución.**

Prueba el diseño. Prueba la semillera en el papel cuadriculado. Cuenta las semillas de cada hilera. Haz un gráfico con los resultados. ¿La semillera esparció las semillas de manera uniforme? ¿Puedes mejorar el funcionamiento de la semillera? Escribe tus ideas en el cuaderno de ciencias. Diseña un segundo modelo y pruébalo. Compara tus resultados.

4 **Comparte.**

Muestra tu modelo a la clase. Comparte también el gráfico con los resultados. Cuenta lo que funcionó y lo que no funcionó. Responde las preguntas que te hagan sobre el diseño.

Los seres vivos están en todos lados

En nuestro planeta viven muchas clases de seres vivos. Viven en la tierra y en el agua. Los bosques, los desiertos, los océanos y los estanques están llenos de seres vivos. Los distintos tipos de plantas y animales viven en lugares diferentes.

Los peces de este bosque de algas marinas viven en el agua todo el tiempo.

El hipopótamo pasa parte del tiempo en la tierra y parte en el agua.

El camaleón vive únicamente en la tierra.

¡Resúmelo!   📔 Mi cuaderno de ciencias

1. ¿En qué lugares de la Tierra viven las plantas y los animales?

2. Describe en qué se parecen y en qué se diferencian los animales y los hábitats aquí ilustrados.

El lémur ratón es el lémur más pequeño que se conoce.

Mireya y su equipo buscan lémures ratón en la selva tropical.

Aventurera de animales

Mireya Mayor ha dormido en un precipicio. Ha explorado selvas tropicales. Ha atravesado pantanos. Mireya es una aventurera que viaja alrededor del mundo para hallar lugares donde encontrar y observar distintos seres vivos.

Mireya ahora es científica. Pero antes tuvo muchos otros intereses, como ser animadora deportiva. En su trabajo científico estudia los primates. Observa a los gorilas. Los gorilas son los primates más grandes que existen. El equipo de Mireya ayudó a descubrir uno de los primates más pequeños. Es el lémur ratón. Las observaciones y los registros cuidadosos del equipo permitieron descubrir este pequeño lémur. ¡Es tan pequeño que cabe dentro del bolsillo de una camisa!

Mireya protege a todo tipo de animales. Trabaja para construir espacios donde estén a salvo. También enseña a los niños por qué es importante proteger a los animales.

¡Resúmelo! Mi cuaderno de ciencias

1. Si un científico quiere observar diferentes animales, ¿por qué es importante que viaje a distintos lugares?

2. ¿Qué hace Mireya para proteger a los animales?

Los seres vivos en la costa

En la costa arenosa viven muchas plantas y animales. La **costa** es el terreno que está junto al océano. Puedes ver hierba marina, un cangrejo, una tortuga y una garceta. Estas plantas y estos animales dependen de la costa arenosa para sobrevivir.

El cangrejo fantasma se alimenta de almejas y tortugas recién nacidas. Incluso come otros cangrejos. La garceta se alimenta de serpientes, insectos y peces. Los insectos y otros animales pequeños se esconden en la hierba marina.

El cangrejo fantasma excava en la arena para esconderse de otros animales como, por ejemplo, la garceta.

Esta cría de tortuga marina recién ha eclosionado. Camina rápidamente hacia el océano. Allí está más segura y puede hallar alimento y refugio.

La hierba sirve de alimento y refugio para algunos animales.

La garceta usará su pico puntiagudo para atrapar otros animales.

¡Resúmelo!

Mi cuaderno de ciencias

1. Elige un animal que viva en la costa. Di de qué manera depende de otros animales o plantas.

2. ¿Qué podría suceder con algunos animales si la hierba marina desapareciera?

3. ¿Por qué crees que la cría de tortuga se arrastra rápidamente hasta el océano?

Los seres vivos en un humedal

Un **humedal** es un terreno que está cubierto con agua una parte del tiempo. Las plantas y los animales que viven aquí están adaptados a la vida en este lugar húmedo. La garza tiene patas largas. Camina por el agua mientras caza peces.

El caimán se mueve con facilidad por el agua para cazar. Así puede cazar muchos peces y tortugas con su fuerte mandíbula. También se comerá a la garza, si logra atraparla.

Los buitres se alimentan de animales que han muerto. Los buitres encuentran mucho alimento en este humedal.

Estos buitres comen lo que encuentran. Quizás coman las sobras del caimán.

La gran garza azul puede alejarse volando si el caimán se acerca demasiado.

El caimán caza mayormente en el agua. Para entrar en calor, se echa en la tierra a la luz el sol.

¡Resúmelo! 📋 Mi cuaderno de ciencias

1. ¿Qué es un humedal?

2. ¿Qué observas en la fotografía que hace que la garza, el caimán y el buitre estén adaptados para vivir en un humedal?

53

Los seres vivos en un pastizal

Hay **pastizales** en todo el mundo. El pastizal de esta fotografía está en Australia. Comparados con los humedales, los pastizales son lugares secos. Tienen agua suficiente como para que crezca la hierba. Pero no reciben suficiente agua como para que crezcan muchos árboles.

Observa estas fotografías de algunos animales que viven en los pastizales de Australia. ¿Por qué crees que estos animales son de colores parecidos? Todos se confunden bien con la hierba. Estos colores les permiten cazar su alimento sin que otros animales los vean.

Este emú puede correr por el inmenso pastizal a casi 50 kilómetros por hora (30 millas por hora). Estas aves, que no pueden volar, se alimentan de plantas y animales pequeños.

El dingo es un perro salvaje. Las manadas de dingos cazan a otros animales que viven en el pastizal.

El canguro rojo se alimenta principalmente de hierba y otras plantas. ¡Puede avanzar 8 metros (25 pies) de un solo salto!

¡Resúmelo!

1. ¿En qué se diferencian los pastizales de los humedales?

2. ¿Qué características de los animales de las fotografías les permiten vivir en un pastizal?

Cómo sobreviven las plantas del desierto

? ¿Por qué la cobertura cerosa de las hojas permite a la planta sobrevivir en el desierto seco?

Materiales

cartulina verde

tijeras

rociador con agua

papel encerado

1 Dibuja la forma de dos hojas. Corta las formas de las hojas para usar como modelos. Rocía la misma cantidad de agua en los dos modelos.

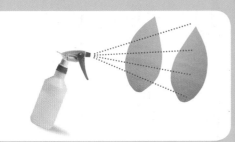

2 Dobla el papel encerado por la mitad. Pon uno de los modelos de hoja dentro del papel encerado doblado.

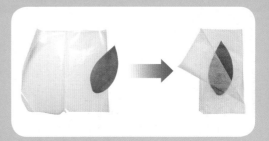

3 Ubica los dos modelos en un lugar soleado. Predice cuál de los dos modelos retendrá el agua por más tiempo.

4 Cuando hayan pasado 3 horas, observa los modelos de hojas. ¿Qué aspecto tienen? ¿Cómo se sienten cuando las tocas? Registra tus observaciones.

¡Resúmelo! Mi cuaderno de ciencias

1. ¿Qué cambios observaste en los modelos? ¿Por qué crees que ocurrieron esos cambios?

2. Usa tus observaciones para hacer inferencias sobre las hojas de las plantas reales.

Hacer observaciones

En África hay diferentes hábitats. Algunos son calurosos y secos. Otros son húmedos. El siguiente mapa muestra los desiertos, las selvas tropicales y otros hábitats de África. En cada hábitat viven muchas plantas y animales.

Observa las fotografías de las plantas y los animales de diferentes hábitats de África. Luego, responde las preguntas.

1 ¿Qué se muestra en el mapa?

Mi cuaderno de ciencias

2 Elige dos hábitats. Compara las plantas y los animales que viven allí. ¿En qué se parecen? ¿En qué se diferencian?

Gorila occidental de llanura

Piña

Escarabajo de las flores

Hierbas de la sabana

Elefante

Avestruz

Hábitats de África

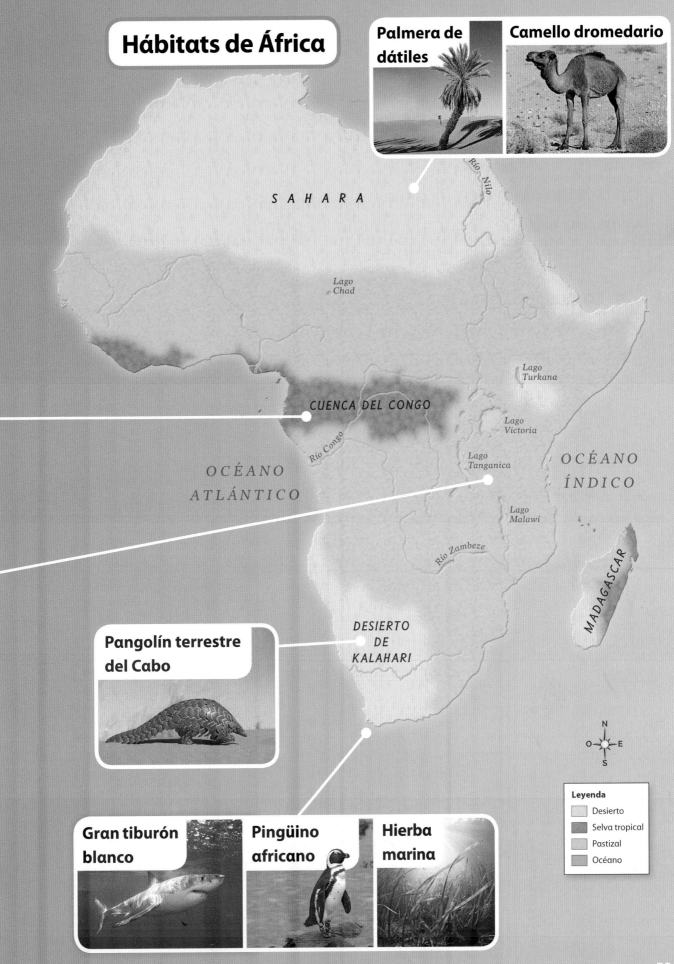

Palmera de dátiles

Camello dromedario

SAHARA

Río Nilo

Lago Chad

Lago Turkana

CUENCA DEL CONGO

Lago Victoria

Río Congo

Lago Tanganica

OCÉANO ÍNDICO

OCÉANO ATLÁNTICO

Lago Malawi

Río Zambeze

MADAGASCAR

DESIERTO DE KALAHARI

Pangolín terrestre del Cabo

N
O · E
S

Gran tiburón blanco

Pingüino africano

Hierba marina

Leyenda
- Desierto
- Selva tropical
- Pastizal
- Océano

Biólogo de campo

Un biólogo es un científico que estudia los seres vivos. Un biólogo de campo estudia las plantas o los animales en el lugar donde viven.

Tim Laman es biólogo de campo y fotógrafo. Estudia los seres vivos en lugares como las selvas tropicales y los arrecifes de coral. Toma fotos de los seres vivos que estudia.

Tim hace casi todas sus investigaciones en lugares donde el hogar de los animales está en peligro. Espera que sus investigaciones logren que las personas deseen cuidar mejor la naturaleza.

Tim Laman toma fotografías de aves en la cima de los árboles. Aquí está en Nueva Guinea.

NATIONAL GEOGRAPHIC | Explorador

Tim Laman amaba explorar las montañas y los océanos de Japón cuando era niño. Espera que las fotografías que toma ayuden a contar las historias de algunas de las especies amenazadas de la Tierra.

Ave del paraíso azul

Ave del paraíso mayor

Ave del paraíso de Wilson

Ciencia ciudadana

Estas estudiantes buscan bichitos.

Los insectos del árbol boxelder ponen huevos en las ramas y hojas del árbol.

Los insectos adultos del algodoncillo viven apenas un mes.

Los insectos del jardín

Hora de hacer ciencia ciudadana

¡A los científicos les encanta andar zumbando con preguntas! Quieren saber todo sobre estos insectos a los que llamamos *bichos*. Los bichos tienen seis patas y las alas dobladas en el tórax. También tienen órganos bucales especiales. Usan la mandíbula para perforar las plantas y beber los jugos.

Los científicos se hacen muchas preguntas sobre los bichos. ¿Dónde viven? ¿Qué comen? Pero los científicos no pueden estar en todos lados. Así que la gente común y corriente los ayuda. Son personas de distintos lugares. Son ciudadanos científicos.

Los ciudadanos científicos hacen observaciones. Buscan patrones. Sus observaciones se convierten en datos. Una organización llamada *Bugs in Our Backyard* ("Los insectos del jardín") recopila esos datos. Los científicos usan los datos para responder preguntas acerca de los bichos.

Tú también puedes recopilar datos sobre bichos. Aprende acerca de los bichos que viven en tu área. Busca bichos y registra lo que ves. Comparte tus hallazgos con los demás.

¡Resúmelo!

1. ¿Qué datos sobre los bichos registran los ciudadanos científicos?

2. ¿Qué datos recopilaste? ¿Dónde encontraste bichos? ¿Cuántos encontraste?

Reportarse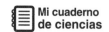

¡Bien hecho! Completaste *Ciencias de la vida*. Piensa en lo que aprendiste. Aquí hay una lista para que verifiques tu progreso. Echa un vistazo al cuaderno de ciencias para buscar ejemplos de cada punto. ¿Qué parte podrías mejorar? Escríbelo en el cuaderno de ciencias.

▼ Lee la lista entera. Piensa en si lograste hacer un buen trabajo.

Elige la opción que creas apropiada para cada punto. A. Sí B. Todavía no

- Definí e hice dibujos de palabras nuevas e ideas principales de la ciencia.

- Rotulé dibujos. Expliqué las ideas por escrito.

- Recopilé fotos, noticias y otros objetos.

- Registré las explicaciones con tablas, diagramas y gráficos.

- Registré las razones de las explicaciones y conclusiones.

- Escribí sobre lo que hacen los científicos y los ingenieros para hacer preguntas y resolver problemas.

- Hice preguntas nuevas.

- Hice algo más. (Cuenta qué hiciste).

Reflexiona sobre tu aprendizaje

1. ¿Qué investigación te interesó más? Explica por qué te gustó.

2. Piensa en las ideas de ciencias que aprendiste. ¿Cuál te parece más importante? ¿Por qué?

Asha comparte su investigación con la comunidad de National Geographic.

¡Exploremos!

En *La naturaleza de la ciencia,* aprendiste que recopilar datos es importante. En mi trabajo, recopilo datos sobre el agua del océano, como la temperatura o la cantidad de sal que tiene. Cuando leas las páginas siguientes, busca ejemplos de científicos que recopilan datos.

Las ciencias de la Tierra son el estudio de la Tierra y sus procesos. Aquí hay algunas preguntas para investigar en *Ciencias de la Tierra*:

- ¿Qué ocurre durante un terremoto?
- ¿Cómo cambian el viento y el agua la superficie de la Tierra?
- ¿En qué se diferencian los estanques y los lagos?
- ¿Dónde encontramos hielo en la Tierra?

Mira los ejemplos del cuaderno de ciencias para hallar ideas. A medida que lees e investigas, sigue haciendo nuevas preguntas. ¡Volvamos a vernos luego para repasar lo que aprendiste!

▼ Dibuja y escribe para explicar las ideas principales.

▼ Dibuja y rotula las ilustraciones de palabras e ideas nuevas de las ciencias.

Meteorización

La roca sufrió meteorización por causa del viento y el agua. La roca no tiene bordes filosos. Tiene bordes redondeadas.

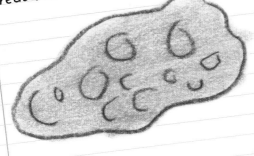

Erosión

La ilustración de arriba muestra cómo ayudan las plantas a detener la erosión.

▷ Escribe sobre lo que sabes. Comparte datos nuevos.

Cuerpos de agua

Vivo cerca de un gran río. El río es muy profundo. En algunos lugares cerca del río hay bosques.

Dato 1:

Dato 2:

Dato 3:

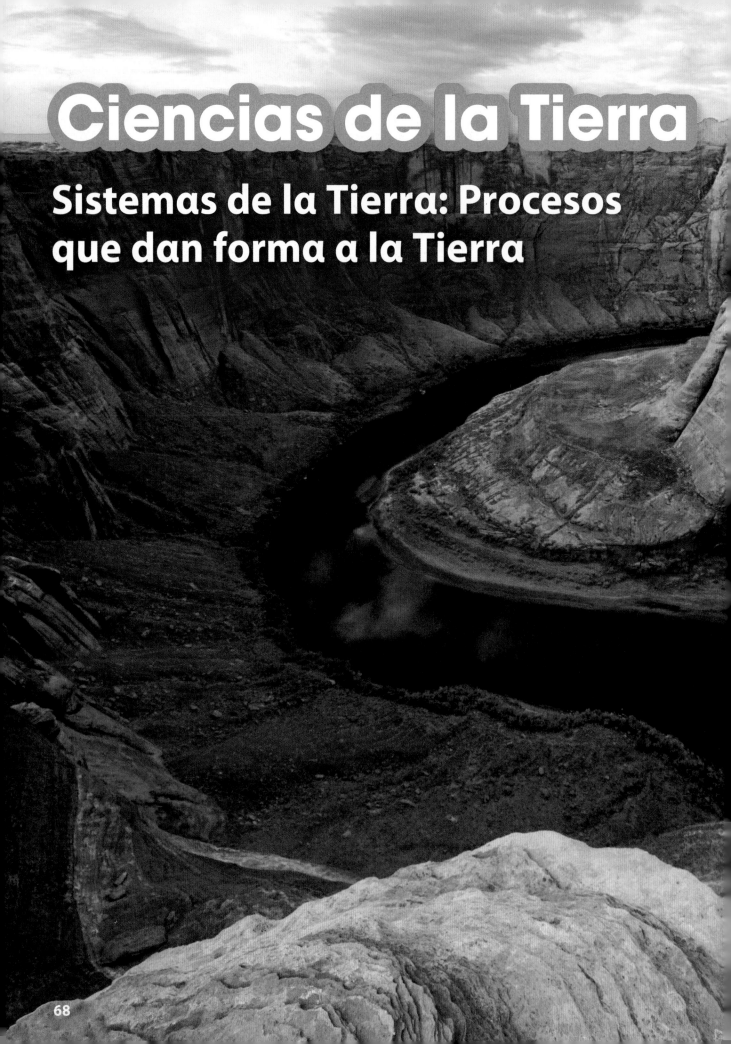

Ciencias de la Tierra

Sistemas de la Tierra: Procesos que dan forma a la Tierra

El río Colorado fluye a través del
Gran Cañón en Arizona.

Los terremotos

La mayoría de las personas nunca siente que se mueve el suelo. ¡Pero puede suceder! Durante un **terremoto,** la superficie de la Tierra se mueve y se sacude.

Los terremotos pueden cambiar la superficie de la Tierra rápidamente. Pueden abrir grandes grietas en el suelo. También pueden desmoronar los edificios, las calles y los puentes. En 2010, un terremoto sacudió Haití. Muchos edificios, como la catedral de la ciudad de Puerto Príncipe, quedaron destruidos.

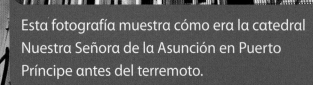

Esta fotografía muestra cómo era la catedral Nuestra Señora de la Asunción en Puerto Príncipe antes del terremoto.

¡Resúmelo!

Mi cuaderno de ciencias

1. ¿Qué sucede durante un terremoto?

2. ¿Por qué los terremotos podrían ser más peligrosos para las personas que viven en las ciudades que para los seres vivos de las zonas silvestres?

Los volcanes

Dentro de la Tierra hay roca fundida que se llama magma. El magma, los gases y las cenizas hacen **erupción** a través de un **volcán.** La erupción de un volcán puede cambiar la superficie de la Tierra. El cambio puede producirse con mucha rapidez.

El monte Santa Helena tenía forma de cono. El volcán había hecho erupción muchas veces. El magma salía por el volcán. Cuando el magma llega a la superficie, se llama lava. La lava se endurece hasta formar una capa de roca. Con el tiempo, las capas de roca le dieron al volcán su forma de cono.

En 1980, el monte Santa Helena volvió a entrar en erupción. Esta vez, la erupción fue mucho mayor. Una gran explosión aplastó los árboles que estaban a millas a la redonda. Una gruesa capa de cenizas cubrió la tierra. La explosión y las cenizas dejaron un paisaje sin vida.

La explosión de 1980 arrasó con una gran área de la cima del volcán. La forma del volcán cambió muy rápidamente.

¡Resúmelo!

1. ¿De qué manera algunas erupciones pueden causar un cambio rápido en la superficie de la Tierra?

2. La roca fundida de un volcán cubre la tierra. Se endurece y forma una roca nueva. Si el volcán entra en erupción muchas veces, ¿cómo cambiará la superficie con el tiempo?

La meteorización y la erosión

Observa las formas inusuales de las rocas de esta fotografía. Las rocas fueron esculpidas mediante unos procesos llamados meteorización y erosión.

La meteorización y la erosión cambian la superficie de la Tierra. La **meteorización** rompe las rocas en pedazos más pequeños. ¿Qué ocurre con estos pedazos de roca? El viento y el agua los llevan a otros lugares. El movimiento de las rocas, la arena y el suelo a un lugar nuevo se llama **erosión.**

Esta formación rocosa en Inglaterra se llama Durdle Door. El arco se formó cuando algunas partes de la roca se meteorizaron y erosionaron.

Las rocas cambian

1 Coloca un trozo de arenisca en un frasco con agua. Ajusta bien la tapa. Observa la arenisca en el fondo del frasco con una lupa.

2 Sacude el frasco con fuerza. Vuelve a observar con la lupa.

? **¿Qué cambios observas? Explica cómo esta investigación representa la meteorización y la erosión de las rocas.**

¡Resúmelo!

Mi cuaderno de ciencias

1. ¿Cuáles son algunas causas de la erosión?

2. ¿Por qué la meteorización debe ocurrir antes que la erosión?

El viento cambia la tierra

Cuando sientes el viento en la cara, quizás no piensas que podría cambiar la tierra. Sin embargo, con el paso del tiempo, el viento hace justamente eso. Desgasta la roca y cambia la superficie del planeta.

El proceso de meteorización rompe o cambia las rocas. Cuando los pedazos de roca son lo suficientemente pequeños, el viento se los lleva. Con el paso de miles de años, las rocas cambian de forma.

dirección del viento

sedimento

Los diminutos pedazos de roca se llaman **sedimento.** El viento hace que el sedimento choque contra las rocas más grandes. Las desgasta.

El viento ha meteorizado y erosionado esta roca, por eso se ve lisa.

La meteorización desgasta los costados de las rocas grandes y crea formaciones altas. El viento que pasa por el Gran Cañón dio forma a esta arenisca.

¡Resúmelo! 📖 Mi cuaderno de ciencias

1. ¿Crees que el viento cambia la tierra rápida o lentamente? Explica tu respuesta.

2. ¿Qué crees que pasará con la forma de la roca de la fotografía después de mucho tiempo?

El agua cambia la tierra

El agua en movimiento también cambia la superficie de la Tierra. Al igual que el viento, el agua en movimiento recoge rocas pequeñas. Las rocas golpean las orillas y el fondo de este río. Con el tiempo, el agua en movimiento y las rocas tallaron este profundo **barranco.** El agua cambió la forma de la tierra.

dirección del agua

sedimento

El agua transporta sedimento. El sedimento frota las rocas del arroyo. Con el tiempo, las rocas más grandes se alisan.

Un **sumidero** es como una zanja grande o un valle pequeño. Se forma cuando el agua erosiona el suelo. El agua en movimiento erosiona el suelo más rápido que a las rocas.

Los Estrechos del Parque Nacional Zion son un barranco.

¡Resúmelo!

Mi cuaderno de ciencias

1. ¿En qué se parecen la formación de un barranco y la de un sumidero? ¿En qué se diferencian?

2. ¿Por qué es probable que las rocas que hay en el lecho del río de un barranco tengan los bordes lisos?

Jimmy Chin ha tomado fotografías en el Parque Nacional Yosemite.

Jimmy usa sus destrezas de escalador para llegar a lugares muy difíciles de alcanzar.

Con la cámara en la mochila

Jimmy Chin escala montañas en todo el mundo. Mientras lo hace, filma con su cámara a otros escaladores. Para eso, tiene que cargar sus cámaras hasta las cumbres altas de las montañas. Las cámaras pesan unas 50 libras (22 kilos) o más.

Jimmy escaló el Monte Everest. Es la montaña más alta del mundo. Se encuentra en el Himalaya, que es una cordillera. Tiempo atrás, allí no había montañas. Las fuerzas naturales fueron empujando hacia arriba parte del suelo marino. Este suceso tomó millones de años.

Estas montañas siguen creciendo. Pero las fuerzas naturales también las están desgastando. El viento azota las montañas. El hielo agrieta la roca de las montañas. El viento y el hielo van derribando las montañas. Las grietas de las rocas hacen que escalar sea aun más difícil. Las fotos de Jimmy muestran los patrones de la naturaleza en las cimas de las montañas. Hay nieve y hielo en todos lados. Y cada subida es una aventura.

¡Resúmelo! Mi cuaderno de ciencias

1. ¿La formación del Himalaya fue un suceso rápido o lento en la Tierra?

2. ¿Cómo crees que debe prepararse Jimmy Chin para su trabajo de fotografía?

El viento y el agua mueven la arena

Los granos de arena son trozos diminutos de roca. El viento lleva los granos de arena a un lado de una duna. Los granos de arena bajan rodando por el otro lado. Con el tiempo, todos los granos que forman la duna se habrán movido. El viento mueve una duna de arena mucho más rápido de lo que tarda en esculpir una roca.

El viento y el agua han movido la arena a lo largo de esta costa de California. Para evitar que haya más erosión, se han colocado rocas para atrapar la arena que queda.

El viento ha movido la arena
y dado forma a las dunas
en el Valle de la Muerte, en California.

¡Resúmelo! Mi cuaderno de ciencias

1. Explica por qué estas fotografías muestran ejemplos de erosión.

2. Describe cómo el viento y el agua podrían afectar al castillo de arena que construyes en una playa.

La erosión

? ¿Cómo puedes evitar la erosión?

El agua puede meteorizar y erosionar la roca lentamente. También puede erosionar el suelo más blando y las playas rápidamente. Las personas tratan de evitar que el agua erosione la tierra. En esta investigación, usarás materiales para retardar o evitar la erosión.

Materiales

2 bandejas de plástico

tierra de jardinería

agua

taza medidora

gravilla

rocas pequeñas

limpiapipas

palillos de manualidades

1 Haz una colina de tierra en un extremo de cada bandeja.

2 Usa la taza medidora para verter 100 ml de agua sobre la tierra de una de las bandejas. Observa y registra cómo el agua en movimiento erosiona la tierra.

3 Usa los materiales que se te han entregado y haz modelos de plantas, cercas y raíces. Ponlos de la colina de tierra de la segunda bandeja.

4 Usa la taza medidora para verter 100 ml de agua sobre la tierra de la segunda bandeja. Observa y registra cómo el agua en movimiento erosiona la tierra.

¡Resúmelo!

1. ¿Qué efecto tuvo verter el agua sobre la primera colina de tierra? ¿Qué efecto tuvo en la segunda colina de tierra?

2. Compara los dos modelos. ¿De qué manera cada uno muestra los patrones de meteorización o erosión de la naturaleza?

Hacer observaciones

En la investigación de las páginas 84 y 85, viste que el agua puede cambiar la superficie de la Tierra rápidamente. Otros cambios ocurren lentamente, a lo largo de mucho tiempo. Usa la Internet u otros recursos para hallar evidencia de cambios rápidos y lentos en la superficie de la Tierra. Luego, observa cada fotografía y decide si ilustra un cambio rápido o un cambio lento.

El viento sopla contra la arena y cambia la forma de esta duna.

De este volcán en erupción salen roca fundida y cenizas.

La roca se ha meteorizado y sus trozos se han erosionado, lo que dejó esta formación que parece una torre.

Este edificio colapsó a causa de un terremoto.

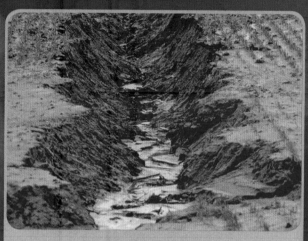

En el campo de cultivo se formó un sumidero.

¡Resúmelo! Mi cuaderno de ciencias

1. Di cuáles de los cambios ilustrados son rápidos y cuáles suelen ser lentos.

2. Indica qué evidencia usaste para decidir si el cambio era rápido o lento.

Proteger
Nueva Orleans

El problema

Sabes que el agua puede cambiar la tierra. Cuando ocurre una inundación, el agua hace que se desborden ríos, lagos u otros cuerpos de agua. También puede dañar los edificios y las carreteras.

La ciudad de Nueva Orleans, en Luisiana, está construida sobre un terreno ubicado mayormente bajo el nivel del mar. El agua de los lagos y ríos cercanos está a mayor altura que el nivel de las calles de la ciudad. Si el agua de esos lagos y ríos se desborda, inunda las calles y los edificios.

El huracán Katrina fue una tormenta enorme. Causó una inundación terrible. La inundación destruyó gran parte de la ciudad de Nueva Orleans.

La solución

Un **dique** es una barrera que impide que el agua llegue a lugares no deseados. Nueva Orleans está rodeada de diques y muros de contención. Están hechos de tierra, cemento y acero. Los diques son muy fuertes. Las paredes altas evitan que el agua llegue a la ciudad aunque las tormentas causen que los ríos y los lagos se desborden.

El lago Pontchartrain está a un costado de Nueva Orleans. Un dique mantiene el agua en el lago y fuera de la ciudad.

El río Mississippi fluye por el otro costado de la ciudad. Un dique mantiene el agua en el río y fuera de la ciudad.

¡Resúmelo!   Mi cuaderno de ciencias

1. ¿De qué manera el agua puede causar cambios rápidos que afectan a una ciudad?

2. Describe cómo un dique ayuda a controlar una inundación.

Comparar soluciones

¡Detengan la escorrentía!

Las personas han construido edificios, carreteras y estacionamientos. Ocupan mucho terreno. El terreno que queda debajo de los edificios o el pavimento no puede absorber el agua de lluvia. El agua tiene que drenar.

El agua que fluye por el suelo causa erosión. Transporta el suelo y las rocas de un lugar a otro. También puede llevar contaminación a estanques y arroyos.

Una manera de reducir la **escorrentía** del agua de lluvia es sembrar un jardín de lluvia. Un jardín de lluvia acumula el agua de lluvia. Así, el suelo puede absorber el agua.

El agua fluye hasta el lugar más bajo del jardín de lluvia. Luego, el suelo la absorbe.

Las plantas del jardín de lluvia crecen naturalmente, sin sustancias químicas.

Antes de que se hiciera el jardín de lluvia, el agua se acumulaba en la superficie. El agua debía fluir cuesta abajo para drenarse.

El jardín de lluvia está en un espacio bajo, donde puede acumularse el agua de lluvia.

¡Detengan la arena!

¡Siempre hay viento en la playa! El viento causa la erosión de las dunas de arena a lo largo de la costa. Las raíces de la hierba marina mantienen parte de la arena en su lugar, así no se vuela. Las personas pueden ayudar a proteger las dunas de arena si construyen barreras rompevientos. Una cerca puede bloquear el viento lo suficiente como para mantener la arena en su lugar.

¡Detengan el suelo!

La erosión del viento también representa un problema para los granjeros. El viento puede llevarse el suelo necesario para plantar cultivos. Los granjeros usan cercas como barreras rompevientos. También plantan hileras de arbustos altos y tupidos o árboles que bloquean el viento.

Los arbustos bloquean el viento a lo largo de este campo de lavandas.

Las cercas evitan que se vuele la arena a lo largo de la costa. Si miras la fotografía con atención, puedes ver que se han formado dunas de arena que llegan hasta la parte superior de la cerca en algunas áreas.

¡Resúmelo!

Mi cuaderno de ciencias

1. Supón que crecen hierbas tupidas a lo largo de una cerca en una duna de arena. Explica por qué eso permitiría que las personas quitaran la cerca.

2. ¿Cuál crees que sería una mejor barrera rompevientos para un granjero: una hilera de árboles o una cerca? Explica tu respuesta.

3. ¿En qué se parecen y en qué se diferencian los jardines de lluvia y las barreras rompevientos?

Comprender los mapas

Los mapas muestran dónde están ubicadas las cosas. Un mapa físico muestra las formas de la tierra y el agua. También muestra los tipos de suelo y agua de un área. Los mapas también muestran patrones. Los colores representan los tipos de tierra y agua que se encuentran en la Tierra.

Mapa físico de América del Sur

Mar Caribe

Lago de Maracaibo

Río Orinoco

VENEZUELA

GUYANA

GUYANA FRANCESA (Francia)

SURINAM

COLOMBIA

Río Magdalena

Río Caquetá

Río Negro

Río Amazonas

C U E N C A   D E L   A M A Z O N A S

Río Amazonas

Río Madeira

Río Purus

Río Tapajós

Río Xingú

BRASIL

ECUADOR

PERÚ

BOLIVIA

Cordillera de los Andes

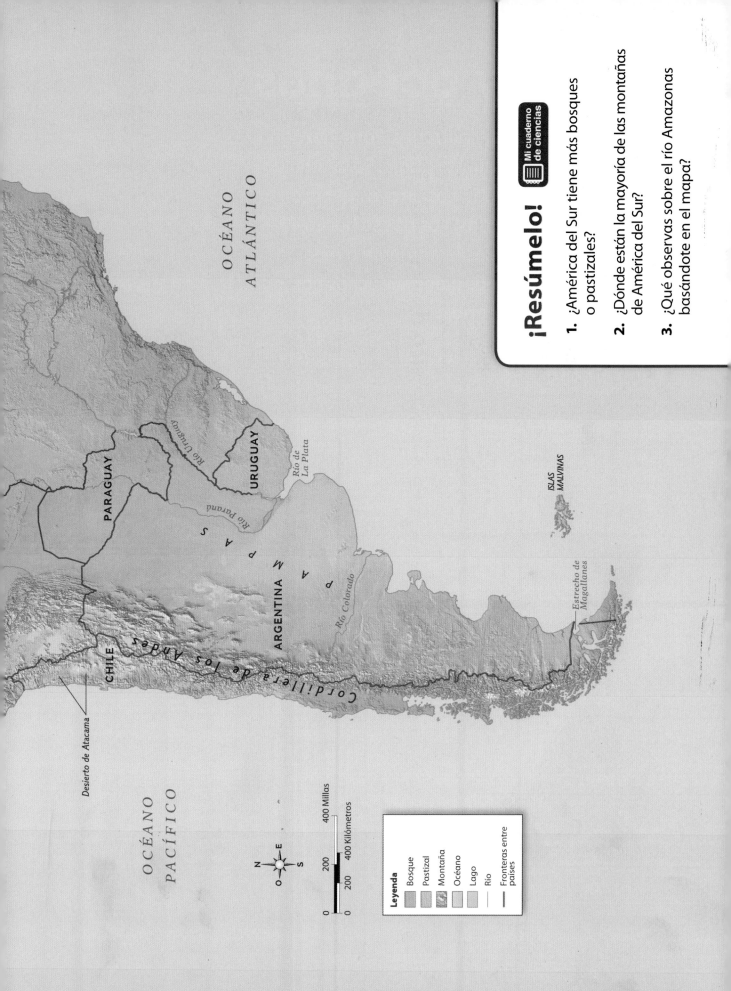

CHILE

Desierto de Atacama

Cordillera de los Andes

OCÉANO
PACÍFICO

PARAGUAY

Río Uruguay

URUGUAY

Río Paraná

Río de
La Plata

ARGENTINA

P A M P A S

Río Colorado

OCÉANO
ATLÁNTICO

ISLAS
MALVINAS

Estrecho de
Magallanes

N
O   E
S

0   200   400 Millas
0   200   400 Kilómetros

Leyenda

Bosque
Pastizal
Montaña
Océano
Lago
Río
Fronteras entre
países

¡Resúmelo!

Mi cuaderno
de ciencias

1. ¿América del Sur tiene más bosques
o pastizales?

2. ¿Dónde están la mayoría de las montañas
de América del Sur?

3. ¿Qué observas sobre el río Amazonas
basándote en el mapa?

Los ríos y océanos

El agua de la Tierra sigue patrones. Parte del agua que hay en suelo fluye cuesta abajo. Se acumula y forma arroyos pequeños. Los arroyos se hacen más grandes y forman **ríos.** Los ríos se hacen más grandes y fluyen más lentamente a medida que llegan a terrenos más planos. Muchos ríos desembocan en los **océanos.**

Los arroyos son más pequeños que los ríos. Muchos de estos arroyos fluyen con rapidez, como el de la foto.

Parte del agua que corre por los ríos llega al océano. Los océanos rodean los continentes. La mayor parte de la Tierra está cubierta por océanos.

El río Amazonas en América del Sur es enorme. Tiene más agua que cualquier otro río en el mundo.

¡Resúmelo! 📓 Mi cuaderno de ciencias

1. Compara los arroyos y los ríos. ¿En qué se parecen? ¿En qué se diferencian?

2. ¿Hay más agua en los ríos o en los océanos de la Tierra? Explica.

99

Los lagos y estanques

No toda el agua en la superficie de la tierra fluye en ríos y arroyos. El agua también se acumula en áreas bajas de la superficie. Esos lugares pueden llenarse como un tazón. El agua se acumula allí y forma lagos y estanques. Un **lago** es una gran masa de agua rodeada por tierra. Un **estanque** es un lago pequeño. La acumulación de agua en áreas bajas es un patrón que se repite una y otra vez en la naturaleza.

Los estanques se pueden secar si no llueve lo suficiente y no se llenan con agua.

Lago Pehoé en Chile

Los lagos y los océanos son diferentes. Los lagos están rodeados de tierra.

¡Resúmelo! Mi cuaderno de ciencias

1. ¿Cómo se forma un lago?

2. ¿Por qué es probable que se forme un lago en la base de una montaña?

Hacer un modelo

Nuestro planeta tiene muchos tipos de formaciones terrestres y acuáticas diferentes. Observa la fotografía de esta página con atención. ¿Qué formaciones de tierra y agua ves?

Diseña un modelo

Los científicos usan modelos para mostrar objetos e ideas que son difíciles de ver. Dibuja un modelo de las formaciones terrestres y acuáticas que ves en las fotografías. Una fotografía muestra cómo se ve esta playa en Cornwall, Inglaterra, desde arriba. La otra muestra cómo se ve el área desde el suelo.

Construye tu modelo

Usa tu dibujo para construir tu modelo.

1 Haz modelos de cada formación acuática y terrestre con arcilla u otros materiales.

2 Construye tu modelo sobre una cartulina.

3 Estudia tu modelo. Registra tus observaciones en tu cuaderno de ciencias.

Comparte tu modelo

¿Cómo te ayuda el modelo a comprender cómo toma forma la tierra? ¿Qué otras preguntas de ciencias pueden ayudarte a responder tu modelo?

CTIM

CIENCIA
TECNOLOGÍA
INGENIERÍA
MATEMÁTICAS

PROYECTO DE INVESTIGACIÓN

Investiga un cuerpo de agua

Los cuerpos de agua vienen en muchas formas. Aprendiste sobre el océano, los ríos, los estanques y los lagos. Cada cuerpo de agua tiene su propia forma. El lugar donde el agua se encuentra con la tierra se llama costa.

El agua se hace más profunda cuanto más se aleja de la costa. La profundidad de un cuerpo de agua nos dice qué tan hondo es. ¿Cuántos cuerpos de agua conoces? ¿Hay algún cuerpo de agua cerca de donde vives?

El lago Tahoe es un lago de agua dulce que toca los estados de California y Nevada. Se encuentra en Sierra Nevada.

El desafío

Elige un cuerpo de agua para investigar. Escribe un párrafo con información basada en datos y desarrolla un modelo.

1 **Elige un tema.**

Concéntrate solo en un cuerpo de agua. ¿Qué te gustaría saber? Escribe tus preguntas.

2 **Planifica y realiza la investigación.**

Usa tus propias preguntas como guía para hallar datos sobre el cuerpo de agua. Ten en cuenta estos datos:

- tamaño y profundidad del cuerpo de agua
- tipo de agua (agua dulce o salada)
- cómo es la tierra que rodea el agua
- otros datos importantes

Usa al menos dos fuentes de información.

3 **Escribe un borrador. Haz un modelo.**

Usa los datos que hallaste para hacer un modelo del cuerpo de agua. El modelo puede ser una imagen, como un dibujo. Escribe un párrafo. Comparte datos importantes.

4 **Presenta tu informe.**

Comparte tu modelo. Cuenta a los demás cómo es el cuerpo de agua. Di su nombre, tamaño y profundidad. Cuenta qué tipo de agua tiene. Describe la tierra que lo rodea. Brinda otros datos importantes.

Hielo en la Tierra

No toda el agua de la Tierra es líquida. El agua también puede ser sólida. El agua sólida se llama hielo. En algunos lugares de la Tierra, hace demasiado calor como para que se forme hielo. En otros lugares, como en el Polo Norte y el Polo Sur, hace frío. En los polos, el agua está congelada todo el año.

Las montañas suelen ser lugares fríos. Pueden observarse patrones en la nieve y el hielo. Allí la nieve puede acumularse en capas. Con el tiempo, las capas de hielo se vuelven muy gruesas. Estas láminas gruesas de hielo pueden desplazarse hacia abajo lentamente, como ríos de hielo. Esas láminas de hielo en movimiento se llaman **glaciares.** A veces, los glaciares llegan al océano. Cuando eso sucede, se pueden desprender trozos grandes de hielo, llamados **icebergs**, que flotan a la deriva.

Este iceberg está cerca de Groenlandia. Uno de los glaciares más grandes del mundo está en Groenlandia.

Un glaciar se forma a partir de nieve compactada que se endurece y forma hielo sólido. Al igual que los ríos, los glaciares viajan cuesta abajo.

¡Resúmelo!

Mi cuaderno de ciencias

1. ¿Dónde se encuentra el agua de la Tierra?

2. ¿En qué lugares de la Tierra se puede encontrar el patrón de agua en forma de hielo?

Obtener información

En este mapa mundial se muestra la tierra y el agua. Usa la leyenda del mapa para hallar ríos, lagos y océanos. También úsala para hallar el agua que está congelada en forma de hielo.

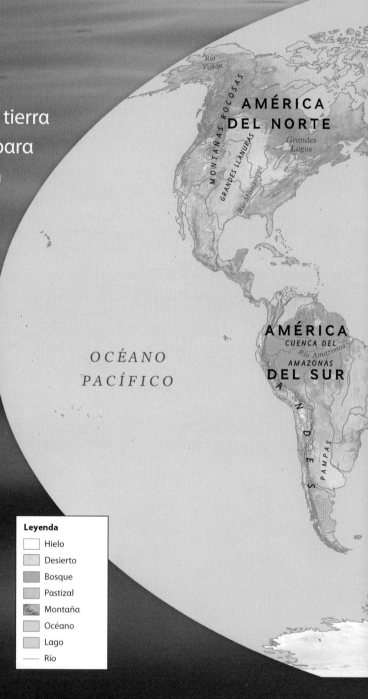

Tierra y agua en la Tierra

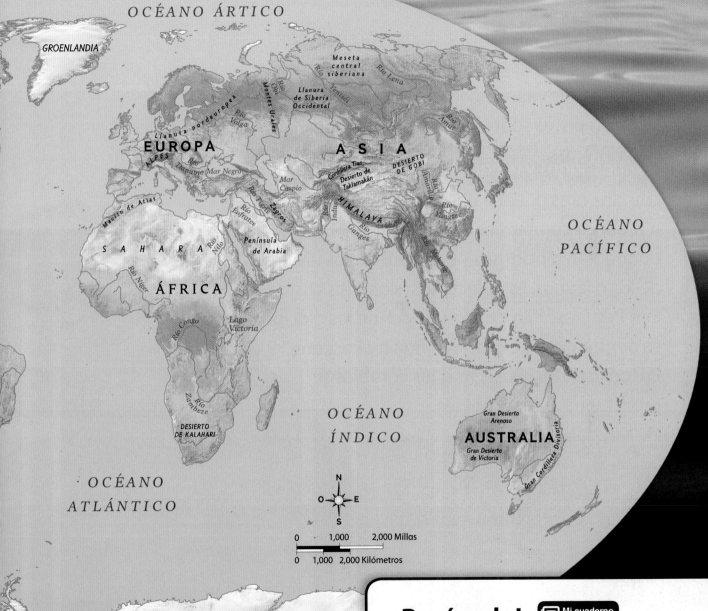

OCÉANO ÁRTICO

GROENLANDIA

Meseta
central
siberiana

Río Lena

Río Obi
Montes Urales

Llanura
de Siberia
Occidental

Río Yenisei

Río Volga

Río Amur

Llanura nordeuropea

EUROPA

ALPES

ASIA

Río Danubio Mar Negro

Cordillera Tian
Desierto de
Taklamakán

DESIERTO
DE GOBI

Mar Caspio

Río Amarillo

Macizo de Atlas

Río Tigris
Río Éufrates

Zagros

HIMALAYA

Río Indo

Río Yangtze

SAHARA

Río Nilo

Península
de Arabia

Río Ganges

Río Mekong

Río Níger

ÁFRICA

OCÉANO
PACÍFICO

Río Congo

Lago
Victoria

Río Zambeze

OCÉANO
ÍNDICO

Gran Desierto
Arenoso

DESIERTO
DE KALAHARI

AUSTRALIA

Gran Cordillera Divisoria

Gran Desierto
de Victoria

OCÉANO
ATLÁNTICO

N
O   E
S

0   1,000   2,000 Millas

0   1,000   2,000 Kilómetros

ANTÁRTIDA

¡Resúmelo! 📖 Mi cuaderno de ciencias

1. ¿En qué parte de África puedes hallar agua líquida?

2. ¿En qué lugares ves que se encuentra la mayor cantidad de agua líquida de la Tierra?

3. ¿En qué partes de la Tierra se encuentra la mayor cantidad de hielo?

Glacióloga

Erin Pettit es glacióloga. Estudia cómo se han expandido y encogido las capas de hielo. Los glaciares cambian a lo largo de miles de años. Nos dan pistas sobre cómo ha cambiado el clima de la Tierra.

Los glaciares pueden ayudar a los científicos a predecir cambios en muchos otros lugares. Cuando un glaciar se encoge, suben los niveles de los océanos. Eso afecta las islas y las costas. Erin Pettit estudia los lugares donde los glaciares se derriten y se desprenden hacia al océano. Recopila datos. Observa si los cambios se producen con más rapidez.

Erin Pettit estudia los glaciares. También enseña a los jóvenes sobre el área de ciencias en la que trabaja. Creó un programa de ciencias sobre zonas silvestres para niñas de escuela secundaria llamado *Girls on Ice* ("Niñas sobre hielo").

Para estudiar los glaciares, Erin pasa mucho tiempo en el hielo. Su trabajo requiere que use ropa y equipos especiales.

Reportarse 📓 Mi cuaderno de ciencias

¡Bien hecho! Completaste *Ciencias de la Tierra*. Piensa en lo que aprendiste. Aquí hay una lista para que verifiques tu progreso. Echa un vistazo al cuaderno de ciencias para buscar ejemplos de cada punto. ¿Qué parte podrías mejorar? Escríbelo en el cuaderno de ciencias.

▼ Lee la lista entera. Piensa en si lograste hacer un buen trabajo.

Elige la opción que creas apropiada para cada punto. A. Sí **B.** Todavía no

- Definí e hice dibujos de palabras nuevas e ideas principales de la ciencia.

- Rotulé dibujos. Expliqué las ideas por escrito.

- Recopilé fotos, noticias y otros objetos.

- Registré las explicaciones en tablas, diagramas y gráficos.

- Registré razones para las explicaciones y conclusiones.

- Escribí sobre lo que hacen los científicos y los ingenieros para hacer preguntas y resolver problemas.

- Hice preguntas nuevas.

- Hice algo más. (Cuenta qué hiciste).

Reflexiona sobre tu aprendizaje

1. ¿Qué investigación te gustó más? Explica por qué.

2. Describe una destreza científica que estés aprendiendo y practicando.

Una ballena levanta la cola antes de sumergirse en la profundidad del océano.

Es un día hermoso para el trabajo de recoger popó de ballena.

NATIONAL GEOGRAPHIC | Exploradora

Asha de Vos Bióloga marina
Exploradora de National Geographic

¡Exploremos!

En *La naturaleza de las ciencias,* aprendiste que los científicos e ingenieros diseñan herramientas para resolver problemas. Los objetos y la tecnología hechos por el hombre me ayudan a estudiar las ballenas. Uso cámaras digitales para tomar fotos de las ballenas. Las fotos me ayudan a mí y a mi equipo a identificar cada ballena por sus marcas de la piel.

Las ciencias físicas estudian los sistemas y objetos no vivos. Aquí hay algunas preguntas para investigar en *Ciencias físicas:*

- ¿Qué es la materia?

- ¿En qué se diferencian los líquidos y los sólidos?

- ¿Cómo puedes describir la materia?

- ¿Cómo cambia el agua de un líquido a un sólido?

- ¿Cómo cambian los huevos cuando se cocinan?

A medida que lees e investigas, haz tus propias preguntas y busca las respuestas. ¡Volvamos a vernos luego para repasar lo que has aprendido!

114

▼ Usa tu cuaderno para realizar predicciones en una investigación.

▼ Incluye subtítulos y dibujos para explicar lo que has aprendido.

¿Qué material absorberá más agua?

papel aluminio tela de algodón papel de cocina

Mi predicción es que el papel de cocina absorberá más agua, porque tiene más espacio para que ocupe el agua.

Las temperaturas cálidas hacen que el agua siga siendo un líquido.

El agua se congela cuando se enfría.

▶ Registra notas a de tus observaciones.

Investigar el derretimiento

Observación

Dejé un cubo de hielo en la encimera. El cubo de hielo se empezó a derretir a los 30 minutos. Si dejara un cubo de hielo en el refrigerador, me pregunto cuánto tiempo tardaría en derretirse.

Ciencias físicas

Estructura y propiedades de la materia

Todo lo que ves en esta
fotografía es materia.

La materia

¡Bienvenido al Oeste estadounidense! Mira este hermoso paisaje. ¿Sabías que todo lo que ves en esta fotografía está formado por materia? La **materia** es todo aquello que ocupa espacio. Puedes describir la materia. Puedes decir qué distingue un tipo de materia de otro.

La roca es sólida.
El agua es líquida.

¡Resúmelo! Mi cuaderno de ciencias

1. ¿Cómo describirías la roca y el agua de la fotografía?

2. Observa un lápiz. ¿El lápiz se parece más a la roca o al agua? Explica.

Los líquidos

El agua es un líquido cuando su temperatura está por encima del punto de congelamiento. Un **líquido** adquiere la forma del recipiente en el que está. No tiene forma propia.

¿Qué sucede si un líquido no está en un recipiente? Se desparrama. Los líquidos no tienen una forma definida cuando no están dentro de un recipiente.

El agua toma la forma del lecho del río.

Esta agua toma la forma de la alberca que la contiene.

¡Resúmelo!

1. ¿Cuál es una propiedad de los líquidos?

2. La miel está en una botella con forma de oso. ¿Qué forma tiene la miel?

Los sólidos

Cuando la temperatura está por debajo del punto de congelamiento, el agua se congela. Se convierte en sólido. Este es un patrón del agua líquida a bajas temperaturas. Un **sólido** es materia que tiene su propia forma. Además, ocupa espacio.

El hielo es agua sólida. Se mantiene sólido siempre y cuando la temperatura sea lo suficientemente fría.

¡Resúmelo! Mi cuaderno de ciencias

1. ¿Qué es un sólido?

2. ¿En qué se diferencian los sólidos y los líquidos?

Los sólidos y los líquidos

? **¿En qué se diferencia un líquido de un sólido?**

La forma es una propiedad de los sólidos y los líquidos. En esta investigación, observarás la forma de un líquido. También observarás la forma de un sólido.

Materiales

dos vasos de plástico

cilindro graduado con agua

canica

1 Observa la forma del agua en el cilindro graduado. Registra tus observaciones.

2 Vierte el agua del cilindro graduado en uno de los vasos. Registra tus observaciones.

3 Observa la forma de la canica. Registra tus observaciones.

4 Pon la canica en el cilindro graduado y luego en el vaso vacío. Observa la forma de la canica cada vez. Registra tus observaciones.

400 ml

Exploración independiente

¿Qué ocurriría si pusieras a prueba otros sólidos y líquidos? Haz un plan. Usa distintos materiales. Registra tus observaciones. Compara los resultados de tus investigaciones.

¡Resúmelo!

Mi cuaderno de ciencias

1. ¿Qué tipo de materia es el agua? ¿Cómo lo sabes?

2. ¿Qué tipo de materia es la canica? ¿Cómo lo sabes?

Las propiedades

Puedes describir los objetos que ves. Cuando describes algo, hablas sobre sus propiedades. Una **propiedad** es algo sobre un objeto que puedes observar con tus sentidos.

La forma es una propiedad de la materia. Estas corbatas de bolo tienen diferentes formas. Al igual que con otros objetos, la forma de las corbatas de bolo las hace útiles.

rectángulo

óvalo

círculo

triángulo

cuadrado

¡Resúmelo! Mi cuaderno de ciencias

1. ¿Qué es una propiedad?

2. ¿Por qué la forma es una propiedad?

El color

El color es otra propiedad de la materia. Puedes usar el color para distinguir un objeto de otro. El color de un objeto puede conectarse con cómo se usa. Por ejemplo, las botas con colores más oscuros podrían usarse para trabajar. Las botas con colores más claros podrían usarse para vestirse más elegante.

El color puede usarse para ordenar y clasificar los objetos. Puedes agrupar los objetos según su color.

¡Resúmelo!

Mi cuaderno de ciencias

1. ¿Cómo puedes describir una bota para distinguirla de las demás?

2. ¿Qué sentido usas para describir el color?

129

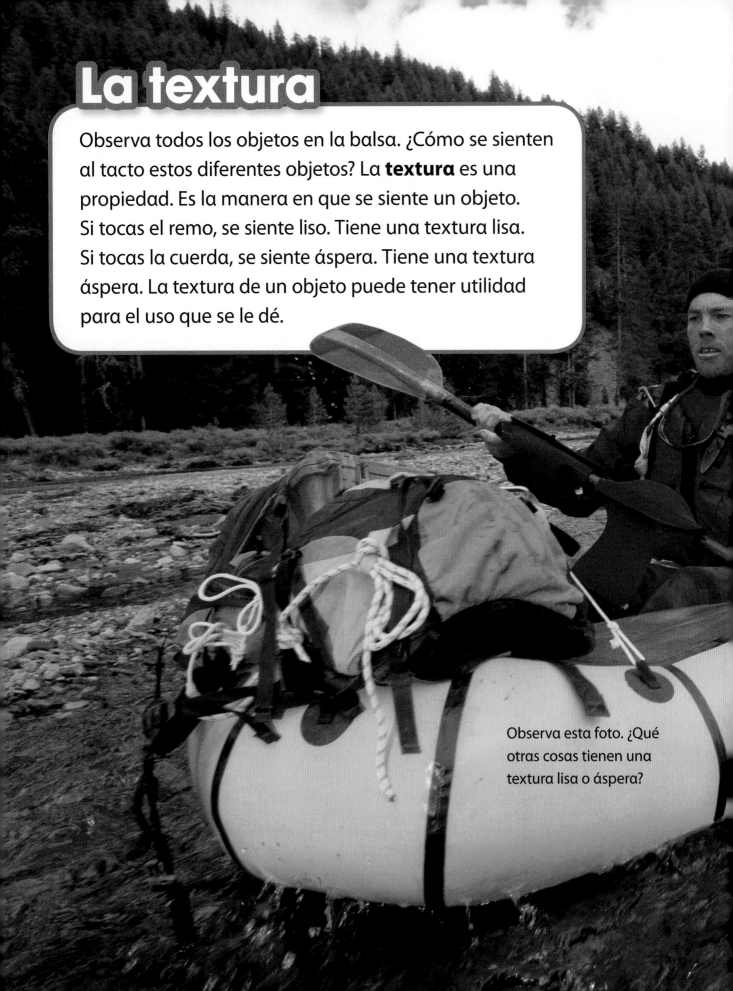

La textura

Observa todos los objetos en la balsa. ¿Cómo se sienten al tacto estos diferentes objetos? La **textura** es una propiedad. Es la manera en que se siente un objeto. Si tocas el remo, se siente liso. Tiene una textura lisa. Si tocas la cuerda, se siente áspera. Tiene una textura áspera. La textura de un objeto puede tener utilidad para el uso que se le dé.

Observa esta foto. ¿Qué otras cosas tienen una textura lisa o áspera?

Hora de clasificar

1 Busca objetos como estos en tu salón de clases.

2 Clasifica los objetos según su textura. ¿Son ásperos o lisos?

? **Indica qué otros objetos de tu salón de clases tienen una textura áspera o lisa.**

¡Resúmelo!

Mi cuaderno de ciencias

1. ¿Qué es la textura?

2. Elige un objeto de tu salón de clases. Describe su textura.

131

Duro y blando

Puedes describir si los objetos son duros o blandos. Algunas cosas tienen partes duras y partes blandas.

Observa la fotografía. El pelaje del caballo se siente blando, o suave. Pero sus pezuñas son duras. La silla de montar también tiene partes duras y blandas. Eso es útil para el modo en que se usa la silla.

¿Puedes encontrar otros objetos que sean duros o blandos en la fotografía?

Clasificar un poco más

1 Busca objetos como estos en tu casa.

2 Clasifica los objetos según su textura. ¿Son duros o blandos?

? **Indica qué otros objetos de tu casa son duros, blandos o ambos.**

¡Resúmelo! Mi cuaderno de ciencias

1. Describe las propiedades de objetos que son duros.

2. ¿Qué objetos de tu casa te gusta que sean blandos o suaves? ¿Por qué?

133

Doblarse y estirarse

Observa la cuerda en esta fotografía. Es flexible. Los materiales **flexibles** pueden doblarse sin romperse. La cuerda se dobla con facilidad. Estos alpinistas pueden pasarla por los ganchos en las rocas a medida que escalan.

Algunos materiales también pueden estirarse. Los alpinistas jalan de la cuerda para estirarla hasta que quede bien tensa.

Doblarse y estirarse son propiedades.

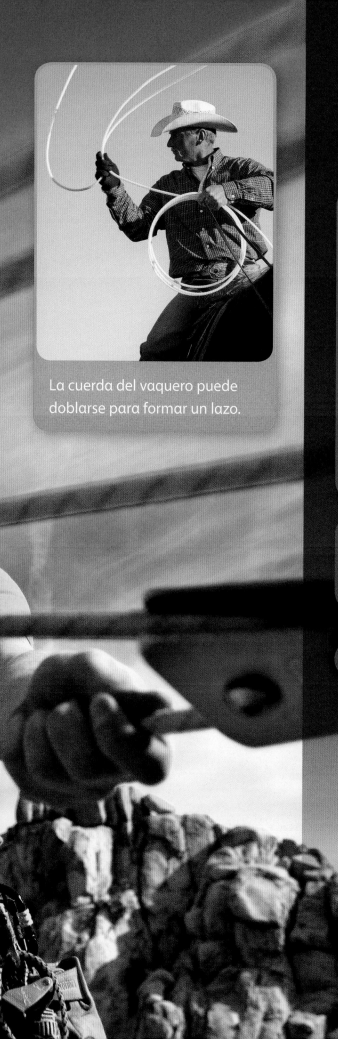

La cuerda del vaquero puede doblarse para formar un lazo.

Doblar y estirar

1 Las bandas elásticas son muy flexibles. Se doblan y se estiran. Estira y dobla una banda elástica para ver cómo se siente un objeto flexible.

2 Busca otros objetos que sean flexibles en tu salón de clases. ¿Qué objetos se doblan? ¿Qué objetos se estiran?

? Indica qué objetos de tu casa son flexibles.

¡Resúmelo! Mi cuaderno de ciencias

1. ¿Qué significa ser flexible?

2. ¿Es flexible el papel? Explica por qué sí o por qué no.

Hundirse y flotar

Los objetos pueden hundirse o flotar en un líquido.
Hundirse y flotar son dos propiedades de la materia.
Si lanzas una roca pesada a un estanque, se hundirá
hasta el fondo. Es un patrón que puede observarse.
Otros objetos podrían flotar. El bote flota sobre el agua.

El ancla se hunde hasta llegar al fondo del agua.

Este bote flota gracias al material con el que está hecho y su forma.

¡Resúmelo! Mi cuaderno de ciencias

1. Explica qué significa hundirse y flotar.

2. Enumera dos objetos que floten.

3. Enumera dos objetos que se hundan.

Planificar e investigar

Has observado las propiedades de la materia. Cuando clasificas objetos, los ordenas en grupos. En esta investigación, ordenarás objetos. Clasificarás los objetos según sus propiedades.

1 **Haz una pregunta.** Mi cuaderno de ciencias

¿Cómo puedes clasificar los materiales según sus propiedades observables?

2 **Planifica y haz una investigación.**
Haz un plan. Escribe tu plan en tu cuaderno de ciencias. Reúne los materiales.

Ahora, lleva a cabo tu plan. Registra tus datos en una tabla.

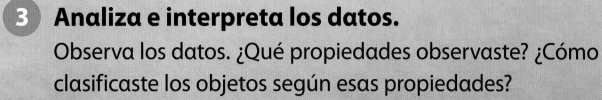

3 **Analiza e interpreta los datos.**
Observa los datos. ¿Qué propiedades observaste? ¿Cómo clasificaste los objetos según esas propiedades?

4 **Comparte y explica tus resultados.**
Cuenta a los demás cómo funcionó tu investigación. Explica cómo tus resultados respondieron la pregunta.

Materiales que absorben

¿Qué materiales absorben más agua?

Si se te cae agua sobre una mesa, el agua se queda en la superficie. Si limpias el agua derramada con una toalla, la toalla quedará empapada. La toalla **absorbe** el agua. En esta investigación, compararás cómo los materiales absorben agua.

Materiales

agua	taza medidora	cuatro vasos rotulados	cronómetro

papel	papel de aluminio	paño de algodón	toalla de papel

1 Usa la taza medidora para verter 50 ml en el vaso rotulado **papel.**

2 Observa el papel. ¿Qué crees que sucederá cuando metas la punta del papel en el agua por 30 segundos? Registra tu predicción.

3 Mete la punta del papel en el agua por 30 segundos. Usa un cronómetro para medir el tiempo. Luego, saca el papel del vaso.

4 Repite los pasos 1 a 3 con cada vaso rotulado y con el resto de los materiales. Luego, coloca los vasos en orden de la menor a la mayor cantidad de agua. Registra tus observaciones.

¡Resúmelo!

1. ¿En qué vaso quedó la menor cantidad de agua? ¿En qué vaso quedó la mayor cantidad de agua?

2. ¿Qué material limpiaría mejor los derrames? Explica tu respuesta.

3. ¿Tus resultados apoyaron tus predicciones? Explica tu respuesta.

141

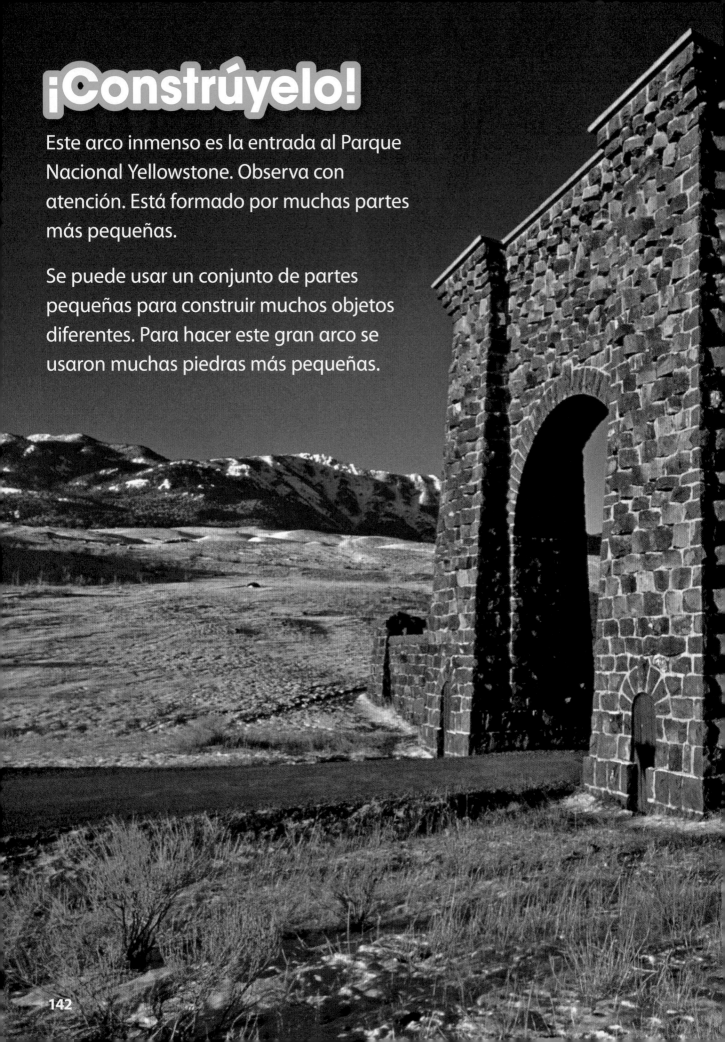

¡Constrúyelo!

Este arco inmenso es la entrada al Parque Nacional Yellowstone. Observa con atención. Está formado por muchas partes más pequeñas.

Se puede usar un conjunto de partes pequeñas para construir muchos objetos diferentes. Para hacer este gran arco se usaron muchas piedras más pequeñas.

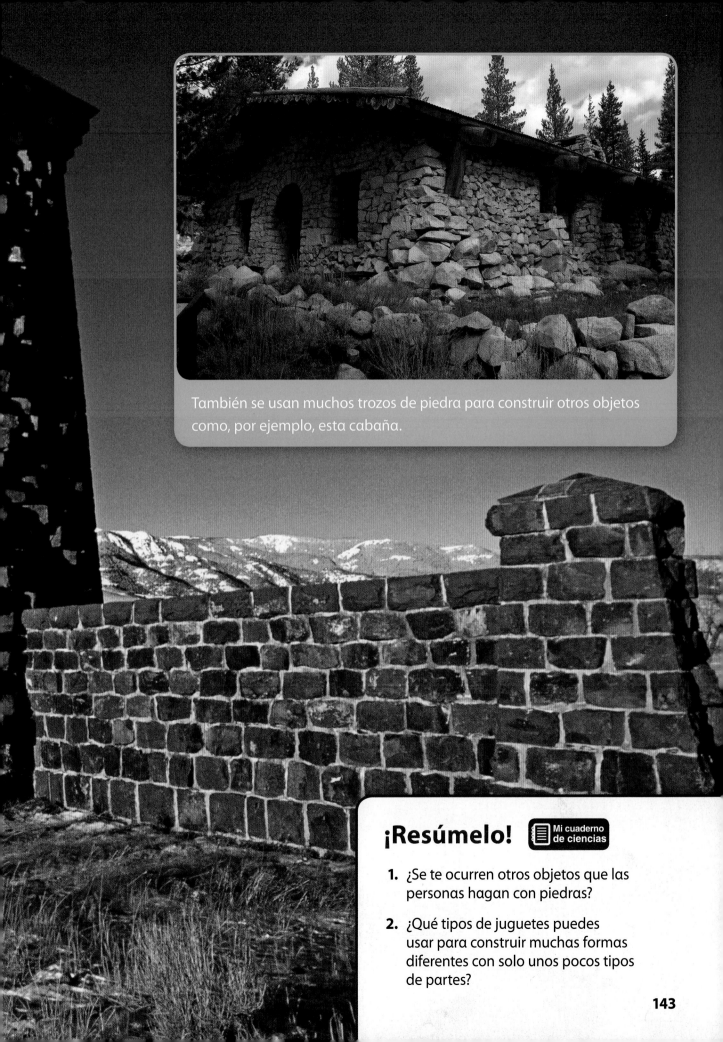

También se usan muchos trozos de piedra para construir otros objetos como, por ejemplo, esta cabaña.

¡Resúmelo! 🗒 Mi cuaderno de ciencias

1. ¿Se te ocurren otros objetos que las personas hagan con piedras?

2. ¿Qué tipos de juguetes puedes usar para construir muchas formas diferentes con solo unos pocos tipos de partes?

Hacer observaciones

Observa con atención los objetos que te rodean. Verás que están formados por partes más pequeñas. Algunas de esas partes más pequeñas pueden ser parecidas. Puedes hallar partes parecidas que se usan para construir otras cosas más grandes.

1 **Haz una pregunta.** 📓 Mi cuaderno de ciencias

¿Cómo pueden usarse los mismos materiales para hacer objetos diferentes?

2 **Haz una investigación.**

Reúne los materiales. Usa los materiales para construir un objeto. Observa lo que has hecho. Registra tus observaciones en tu cuaderno de ciencias.

3 **Observa y registra.**

Intercambia objetos con un compañero. Observa lo que ha construido. Registra tus observaciones.

Desarma el objeto. Construye algo nuevo con las partes. Observa lo que has construido. Registra tus observaciones.

4 **Analiza e interpreta los datos.**

Mira tus observaciones. ¿Cómo tú y tu compañero usaron los mismos materiales de manera diferente?

5 Usa la evidencia.

¿Cómo responden la pregunta tus resultados?

6 Comparte y explica tus resultados.

Cuenta a los demás cómo funcionó tu investigación. Brinda evidencia para explicar cómo tus observaciones te ayudan a contestar la pregunta.

¿Cómo podrías usar las mismas partes para construir una cerca alrededor de la cabaña?

Enfriamiento

Los cachorros de puma de esta fotografía caminan sobre hielo. Las temperaturas frías hacen que el agua líquida se congele. Cuando el agua se congela, se convierte en hielo. Cambia de líquido a sólido. El congelamiento del agua puede ocurrir una y otra vez. Los cambios de temperatura causan ese patrón.

Enfriar agua

1 Observa la forma del agua en un vaso. Haz un recipiente con arcilla. Luego, llénalo con agua. Coloca el recipiente en el congelador por 4 horas. Predice qué sucederá con el agua.

2 Saca el hielo del recipiente y colócalo en un vaso. Observa la forma del hielo en el vaso.

? ¿Tus resultados apoyaron tu predicción? ¿En qué se diferencia el hielo del agua líquida?

¡Resúmelo! Mi cuaderno de ciencias

1. ¿Cómo cambia el agua cuando se enfría hasta congelarse?

2. Describe cómo se vería un vaso de agua si sólo la mitad del vaso estuviera congelada.

Calentamiento

Las temperaturas cálidas también pueden hacer que cambie la materia. Cuando el agua se congela y se convierte en hielo, el calor puede lograr que el agua se derrita y se convierta otra vez en un líquido. Cuando el hielo se derrite y se convierte en agua, puede volver a convertirse en sólido a través del enfriamiento. Este cambio puede suceder una y otra vez. Los cambios de temperatura causan ese patrón.

El calentamiento hará que esta nieve congelada se convierta en gotitas de agua líquida.

CIENCIAS
en un **SEGUNDO**

Calentar hielo

1 Haz un recipiente pequeño con papel de aluminio. Coloca un cubo de hielo en el recipiente.

2 Predice qué sucederá con el cubo de hielo. Registra tu predicción. Después de 1 hora, observa el cubo de hielo.

? **¿Tus resultados apoyaron tu predicción? ¿Cómo ha cambiado la forma del cubo de hielo?**

¡Resúmelo!

1. Explica cómo cambia el hielo cuando se calienta.

2. ¿Qué sucedería si colocaras el recipiente de papel de aluminio en el congelador al terminar tu investigación de Ciencias en un segundo?

149

¿Cambiarlo?

Puedes aprender sobre la materia incluso mientras cocinas en la fogata de un campamento. Cocinar cambia la materia. Los cambios pueden ocurrir una y otra vez. Algunos tipos de materia cambian, pero no pueden volver a su estado anterior como lo hace el agua. Puedes observar esos patrones. Al principio, los huevos de tu desayuno eran un líquido. A medida que los cocinas, se convierten en un sólido. El cambio no puede revertirse.

ANTES Los huevos crudos son líquidos. Adquieren la forma del recipiente que los contiene.

DESPUÉS El calor cocina los huevos. Los huevos cocidos se convierten en un sólido y tienen su propia forma. Los huevos cocidos no pueden volver a ser líquidos.

¡Resúmelo! 📋 Mi cuaderno de ciencias

1. Describe el cambio que no puede revertirse entre un huevo crudo y un huevo cocido.

2. ¿Qué causó los cambios?

Este camión tiene una unidad de refrigeración anexada.

Frederick dibujaba bocetos para planificar cómo construir sus inventos.

El rey de la refrigeración

Frederick McKinley Jones tuvo una infancia difícil. Su padre murió cuando él tenía nueve años, y tuvo que abandonar la escuela. Sin embargo, las dificultades no lo detuvieron. Leía mucho y observaba. Aprendió todo lo que pudo sobre el funcionamiento de las máquinas.

Frederick se convirtió en inventor. Intentó resolver problemas. Inventó una máquina móvil de rayos x y un sistema de sonido para cines. También cambió la vida de miles de personas. Inventó una forma de mantener fríos los alimentos. Esto posibilitó que los alimentos se enviaran a lugares lejanos.

Mantener los alimentos refrigerados evita que se echen a perder. Los alimentos importantes podían distribuirse en todo el país. La refrigeración no cambiaba el estado de los alimentos; no los congelaba. Simplemente los mantenía en el mismo estado, pero fríos. Así se mantenían siempre frescos.

¡Resúmelo! Mi cuaderno de ciencias

1. ¿Qué problemas resolvió Frederick gracias a sus inventos?

2. Describe el efecto de la refrigeración en los alimentos.

Formular un argumento

Los materiales pueden cambiar al calentarse o enfriarse. Las fotografías de estas páginas muestran cosas que han cambiado porque se han calentado o enfriado. Lee los rótulos y sigue los pasos siguientes para usar la evidencia y formular un argumento.

1 **Haz una pregunta.** Mi cuaderno de ciencias

¿Cómo cambian los materiales cuando se los calienta o enfría?

2 **Reúne información.**

Describe los cambios que ves en cada fotografía. Enumera los cambios en una tabla. Anota qué cambios pueden revertirse y cuáles no.

3 **Formula un argumento.**

Explica de qué modo cambió cada material al calentarlo o enfriarlo. Describe lo que ves en cada foto como evidencia.

pan

palomitas de maíz

hielo

Exploración independiente

Observaste las propiedades de diferentes materiales. Selecciona otro material, sólido o líquido, y formula un argumento usando evidencia de que algunos cambios pueden revertirse y otros no. Haz una tabla en tu cuaderno de ciencias. Registra las características del material antes y después de calentarlo o enfriarlo. Incluye las características de los materiales cuando se revierte el calentamiento o enfriamiento. Comparte tus resultados.

CTIM
CIENCIA
TECNOLOGÍA
INGENIERÍA
MATEMATICAS

PROYECTO DE ESTACIÓN ESPACIAL

Diseña cubos de hielo con sabor

Comer un refrigerio es algo sencillo en la Tierra. Pero comer y beber en el espacio lleva mucha planificación y conocimiento sobre las propiedades de los alimentos. Muchos científicos, diseñadores y expertos en salud trabajan en el laboratorio de comidas de la NASA. Averiguan cómo almacenar y empaquetar los alimentos. Los astronautas necesitan que su comida esté bien empaquetada para las condiciones del espacio. En la Tierra, la gente también prefiere alimentos que sean fáciles de comer. Y, cuanto más deliciosos son los alimentos… ¡más fácil es comer y beber!

Una investigadora de la NASA prueba los alimentos y planifica cómo enviarlos al espacio.

El desafío

El desafío es diseñar un producto que dará sabor al agua. Tu producto tiene que poder congelarse.

1 **Define el problema.**

Tu maestro te mostrará los materiales. Serán los únicos materiales que puedas usar. Escribe el problema que tienes que resolver.

2 **Diseña una solución.**

Piensa en una solución y haz un boceto del diseño de tu producto. Fabrica el producto.

3 **Prueba la solución.**

Prueba tu producto. ¿Añade sabor al agua cuando se derrite? Si no, cambia el diseño. ¿Qué ocurrió durante el calentamiento o el enfriamiento? Registra tus observaciones. ¿Puedes mejorar el producto?

4 **Comparte.**

Describe lo que funcionó y lo que no funcionó. Responde las preguntas que te hagan.

Científica de materiales

¿Qué usarías para hacer una cubeta? Deberías elegir un material que no gotee. Además, deberías usar algo que no absorba el líquido.

La Dra. Ainissa Ramirez es científica de materiales. Un científico de materiales define qué materiales se deben usar para construir cosas. La Dra. Ramirez estudia las propiedades. Desarrolla y prueba materiales nuevos. También halla maneras divertidas de mostrar a las personas cosas sorprendentes sobre diferentes materiales.

La **Dra. Ainissa Ramirez** hace videos entretenidos para los jóvenes. ¡Muestra ejemplos geniales sobre las propiedades de los materiales!

¿Qué hace que esta varilla de metal se enrosque? ¡El calor! Y cuando se enfríe, ¡se estirará de nuevo!

Reportarse

 Mi cuaderno de ciencias

¡Bien hecho! Completaste *Ciencias físicas*. Piensa en lo que aprendiste. Aquí hay una lista para que verifiques tu progreso. Echa un vistazo al cuaderno de ciencias para buscar ejemplos de cada punto. ¿Qué parte podrías mejorar? Escríbelo en el cuaderno de ciencias.

▽ Lee la lista entera. Piensa en si lograste hacer un buen trabajo.

Elige la opción que creas apropiada para cada punto. A. Sí B. Todavía no.

- Definí e hice dibujos de palabras nuevas e ideas principales de la ciencia.

- Rotulé dibujos. Expliqué las ideas por escrito.

- Recopilé fotos, noticias y otros objetos.

- Registré las explicaciones en tablas, diagramas y gráficos.

- Registré razones para las explicaciones y conclusiones.

- Escribí sobre lo que hacen los científicos y los ingenieros hacer preguntas y resolver problemas.

- Hice preguntas nuevas.

- Hice algo más. (Cuenta qué hiciste).

Reflexiona sobre tu aprendizaje **Mi cuaderno de ciencias**

1. ¿Qué investigación te interesó más? Explica por qué.

2. Piensa en todo lo que aprendiste. ¿Cómo cambiaron las ideas que tenías sobre el mundo que te rodea?

Más para explorar

Como bióloga marina, aprendí a ser siempre curiosa y a hacer preguntas. También trabajo con otros científicos para aprender más sobre la tecnología y cómo usarla en mi trabajo. Me encanta aprender cosas nuevas. También me encanta compartir historias sobre mi trabajo en las redes sociales. Cuanta más gente sepa sobre estas ballenas, más posibilidades tendremos de que estén a salvo.

Revisa tu cuaderno de ciencias. ¿Cuáles son las cosas más importantes que aprendiste? ¿Qué patrones registraste? ¿Qué cosas te sorprendieron? Comparte tus pensamientos con tus compañeros. Recuerda hacer y responder nuevas preguntas. Sigue en el camino de *Explorar las ciencias*. ¡Nunca abandones la curiosidad!

Asha usa cámaras de largo alcance para tomar fotografías.

La seguridad en la ciencia

La seguridad en la ciencia es importante. Para no lastimarte, respeta todas las normas de seguridad. Siempre pide ayuda a un adulto. Avisa de inmediato si hay accidentes.

Normas de seguridad en la ciencia

- Sigue todas las instrucciones para los procedimientos de laboratorio.
- Mantén ordenada el área de trabajo.
- Mantén las manos alejadas de los ojos y la boca.
- No comas ni bebas en el salón de ciencias.
- Dile a tu maestro si eres alérgico a algo.

- Debes tener los pies cubiertos; no uses sandalias.
- Usa gafas o guantes cuando el maestro te lo pida.
- Si tienes pelo largo o suelto, debes atártelo.

En el laboratorio

- ¿Dónde está el botiquín de primeros auxilios?
- ¿Dónde está la manta contra incendios?
- ¿Qué haces si se te prende fuego la ropa? (Detente, tírate al suelo, rueda)
- ¿Llevas la ropa o los accesorios de laboratorio?

Durante las actividades de laboratorio

- Si necesitas ayuda, pídesela a tu maestro.
- Maneja los materiales de ciencias con cuidado.

- Trata a los seres vivos responsablemente.
- Cuida las plantas y los animales.

Cuando es hora de limpiar

- Cierra todos los recipientes.
- Pon los materiales en su lugar.
- Tira a la basura los guantes usados.
- Lávate las manos con agua y jabón.
- Pide a un adulto que ponga los vidrios rotos en un recipiente cerrado.

Tablas y gráficos

Los científicos y los ingenieros llevan registro de distintos tipos de información. Registran mediciones y hechos de sus observaciones. Esto se llama reunir datos. Los científicos y los ingenieros necesitan organizar sus datos, y entonces usan tablas y gráficos. Esto les permite compartir los datos. A medida que realices investigaciones, reunirás datos. Podrás mostrarlos en una tabla o un gráfico.

Las tablas

Una tabla es un conjunto de **filas** y **columnas**. Las filas y columnas arman una cuadrícula sencilla. Cada dato tiene su lugar.

Propiedades de objetos del salón de clases			
Duro	**Blando**	**Liso**	**Áspero**
escritorio	bandera	tapa de laptop	arenisca
silla	almohadón	lupa	piña
libro	letras de tela	pizarrón	felpudo
tableta	esponjas	vidrio de la ventana	papel de lija

Cada propiedad tiene su propia columna.

Cada objeto tiene su propia celda, o su propio lugar, en la tabla.

Puedes agregar información nueva a una tabla añadiendo más filas o columnas. ¿Qué información se pudo organizar con esta tabla?

Los gráficos de barras

Los gráficos de barras están formados por dos rectas, el **eje x** y el **eje y**. Una recta se extiende hacia arriba y la otra se extiende hacia la derecha. Hay barras sobre la línea horizontal. Puedes comparar las barras de un gráfico de barras. Observa la altura de cada barra para comparar los valores, o números.

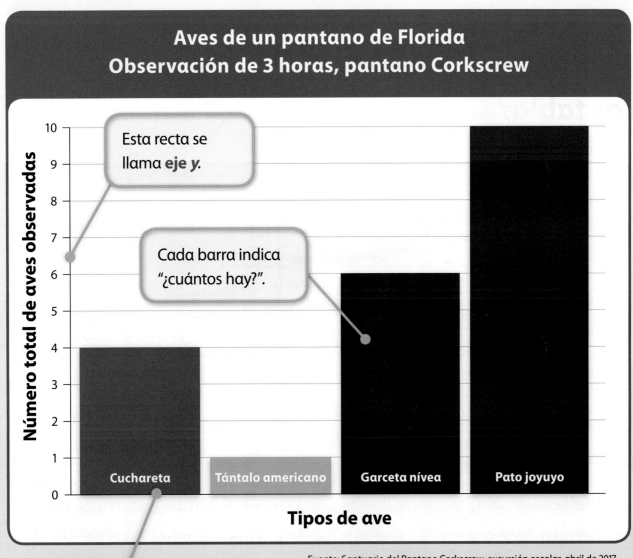

**Aves de un pantano de Florida
Observación de 3 horas, pantano Corkscrew**

Esta recta se llama **eje y**.

Cada barra indica "¿cuántos hay?".

Número total de aves observadas

Cuchareta | Tántalo americano | Garceta nívea | Pato joyuyo

Tipos de ave

Fuente: Santuario del Pantano Corkscrew, excursión escolar, abril de 2017

Esta recta se llama **eje x**.

¿Qué indica cada barra de este gráfico? ¿Qué barra tiene el mayor valor? ¿Qué barra tiene el menor valor?

Los gráficos de líneas

Al igual que un gráfico de barras, un gráfico de líneas tiene un eje *x* y un eje *y* que forman una *L*. En lugar de barras, los datos se representan con puntos.

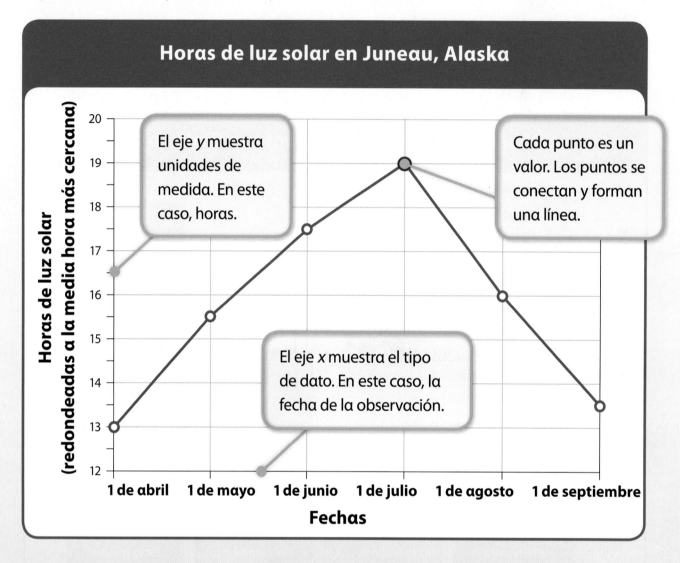

Horas de luz solar en Juneau, Alaska

El eje *y* muestra unidades de medida. En este caso, horas.

Cada punto es un valor. Los puntos se conectan y forman una línea.

El eje *x* muestra el tipo de dato. En este caso, la fecha de la observación.

Horas de luz solar (redondeadas a la media hora más cercana)

Fechas

Se puede usar un gráfico de líneas para mostrar cambios a lo largo del tiempo. Este gráfico de líneas muestra el número de horas de luz solar a lo largo de seis meses. ¿En qué mes hubo más horas de luz? ¿En qué meses hubo casi el mismo número de horas de luz? Piensa en cómo se podrían mostrar estos datos en un gráfico de barras. ¿Cómo cambiarías el gráfico?

Los gráficos circulares

Los gráficos circulares tienen forma de círculo. Las partes del círculo conforman un entero. Estos diagramas también se llaman gráficos de torta. Cada parte parece una porción de torta. Puedes contar con marcas y usar esos datos para crear un gráfico circular.

Plantas del jardín de la escuela

1 Registra tus datos. Esta tabla contiene datos sobre las plantas de un jardín escolar.

Plantas sin flores	Ж I	6
Plantas de flores azules	III	3
Plantas de flores amarillas	II	2
Plantas de flores blancas	I	1

2 ¿Cuántos datos tienes? Dibuja un círculo completo y crea las partes.

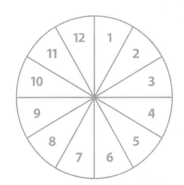

3 Cada parte coloreada del círculo muestra un valor. ¿De qué tipo de planta hay más? ¿Cómo lo sabes? Piensa en los datos que muestra este gráfico. ¿Cómo podrías crear una pictografía con estos datos?

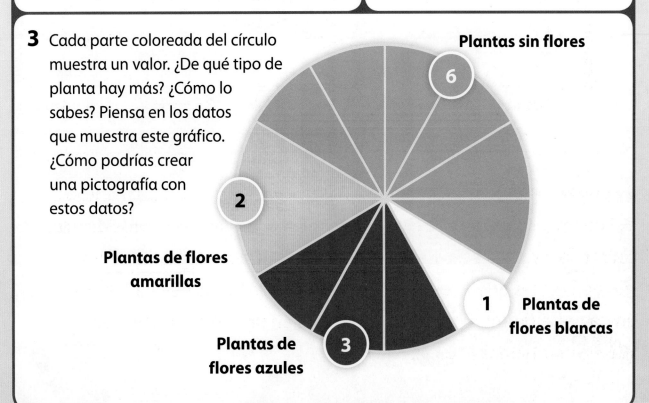

Plantas sin flores

Plantas de flores amarillas

Plantas de flores azules

Plantas de flores blancas

Glosario

A

absorber

Absorber es embeber un líquido. (pág. 140)

B

barranco

Un barranco es un pasaje alto y angosto formado por rocas. (pág. 78)

C

columna

Una columna es una sección vertical de una tabla. (pág. 164)

costa

La costa es el terreno que está al lado del océano. (pág. 50)

D

datos

Los datos son observaciones e información que se reúnen y registran. (pág. 12)

depender

Depender de algo es necesitar de eso para vivir. (pág. 22)

dique

Un dique es una pared que se construye para proteger las ciudades de las inundaciones. (pág. 90)

diseñar

Cuando diseñas algo, haces un plan, que puede incluir un dibujo o un modelo. (pág. 28)

El océano se une con la tierra en esta **costa** rocosa.

E

eje x

El eje x de un gráfico es la línea horizontal de base. El eje x suele presentarse en la parte inferior del gráfico. (pág. 166)

eje y

El eje y de un gráfico es la línea vertical de base. El eje y suele presentarse en la parte izquierda del gráfico. (pág. 166)

erosión

La erosión es el movimiento de rocas o suelo por acción del viento, el agua o el hielo. (pág. 74)

erupción

Los materiales que están al interior de la Tierra salen a la superficie cuando un volcán hace erupción. (pág. 72)

escorrentía

Agua que fluye por el suelo después de que llueve. (pág. 92)

estanque

Un estanque es una pequeña masa de agua con aguas tranquilas. (pág. 100)

evidencia

La evidencia es una observación que sostiene una idea o conclusión. (pág. 4)

F

fila

Una fila es una sección horizontal de una tabla. (pág. 164)

flexible

Ser flexible significa poder doblarse sin romperse. (pág. 134)

G

glaciar

Un glaciar es una lámina grande de hielo en movimiento. (pág. 106)

H

humedal

Un humedal es un terreno que está cubierto por agua parte del tiempo. (pág. 52)

I

iceberg

Un iceberg es un trozo grande de hielo que flota. (pág. 106)

inferir

Cuando infieres, usas lo que sabes y lo que observas para crear una explicación. (pág. 11)

investigar

Cuando investigas, llevas a cabo un plan para responder una pregunta. (pág. 4)

La cuerda del
alpinista es **flexible.**

L

lago

Un lago es una gran masa de agua rodeada por tierra. (pág.100)

líquido

Un líquido es materia que toma la forma del recipiente en el que está. (pág. 120)

M

materia

La materia es todo aquello que ocupa un espacio. (pág. 118)

meteorización

La meteorización ocurre cuando las rocas se rompen en pedazos más pequeños. (pág. 74)

modelo

En ciencias, los modelos se usan para explicar o hacer predicciones sobre un suceso que observas. Un modelo puede mostrar cómo funciona un proceso en la vida real. (pág. 41)

O

observar

Cuando observas, usas los sentidos para reunir información sobre un objeto o suceso. (pág. 11)

océano

El océano es una gran masa de agua que no está rodeada por tierra. (pág. 98)

P

pastizal

Un pastizal es un lugar seco donde crecen muchas hierbas pero pocos árboles. (pág. 54)

patrón

Un patrón es algo que se repite una y otra vez. (pág. 12)

polen

Las plantas con flores producen e intercambian polen para crear plantas nuevas. (pág. 32)

polinizar

Polinizar es llevar el polen de la parte de una flor que produce polen a la parte de una flor que produce semillas. (pág. 32)

propiedad

Una propiedad es algo sobre un objeto que puedes observar. (pág. 126)

R

reflejar

Los objetos pueden reflejar la luz cuando las ondas de luz se doblan o se devuelven. (pág. 29)

río

Un río es un arroyo de agua natural. (pág. 98)

S

sedimento

El sedimento son pedazos diminutos de roca. (pág. 78)

sólido

Un sólido es materia que tiene su propia forma. (pág. 122)

sumidero

Un sumidero es una grieta que se forma en la Tierra a causa del agua que fluye. (pág. 79)

T

terremoto

Un terremoto es un temblor repentino del suelo causado por el movimiento de la tierra. (pág. 70)

textura

La textura es la manera en que se siente un objeto al tacto. (pág. 130)

V

volcán

Un volcán es una abertura en la Tierra por donde fluye la lava. (pág. 72)

Las montañas bordean el margen de un río en el Valle Yosemite de California.

Índice

Un caimán joven disfruta tumbado al sol.

Las abejas y otros animales **polinizan** las flores.

Del **volcán** sale lava caliente y brillante.

Las grietas en la superficie de la Tierra crean fuentes termales como la Gran Fuente Prismática en el **Parque Nacional Yellowstone**.

Content Consultants

Randy L. Bell, Ph.D.
Associate Dean and Professor
of Science Education, College of
Education, Oregon State University

Malcolm B. Butler, Ph.D.
Associate Professor of Science
Education, School of Teaching,
Learning and Leadership, University
of Central Florida

Kathy Cabe Trundle, Ph.D.
Department Head and Professor,
STEM Education, North Carolina
State University

Judith S. Lederman, Ph.D.
Associate Professor and Director of
Teacher Education, Illinois Institute
of Technology

Acknowledgments
Grateful acknowledgment is given to the authors, artists, photographers, museums, publishers, and agents for permission to reprint copyrighted material. Every effort has been made to secure the appropriate permission. If any omissions have been made or if corrections are required, please contact the Publisher.

NEXT GENERATION SCIENCE STANDARDS For States, By States is a registered trademark of Achieve. Neither Achieve nor the lead states and partners that developed the Next Generation Science Standards was involved in the production of, and does not endorse, this product.

Photographic and Illustrator Credits
Front cover ©Quincy Dien/Perspectives/Getty Images.
Back cover ©Adam Taylor, Courtesy of Erin Pettit. (tr) ©Adam Taylor, Courtesy of Erin Pettit.

Acknowledgments and credits continued on page 182.

For product information and technology assistance, contact us at Customer & Sales Support, 888-915-3276

For permission to use material from this text or product, submit all requests online at **www.cengage.com/permissions**

Further permissions questions can be emailed to **permissionrequest@cengage.com**

National Geographic Learning | Cengage
1 N. State Street, Suite 900
Chicago, IL 60602

National Geographic Learning, a Cengage company, is a provider of quality core and supplemental educational materials for the PreK-12, adult education, and ELT markets. Cengage is a leading provider of customized learning solutions with employees residing in nearly 40 different countries and sales in more than 125 countries around the world. Find your local representative at **NGL.Cengage.com/RepFinder**.

Visit National Geographic Learning online at **NGL.Cengage.com/school**.

ISBN: ISBN: 978-03570-27479

Printed in the United States of America

Print Number: 01
Print Year: 2018